박경숙 Kate Park

'호텔리어'라는 한길을 쉼 없이 걸어온 30년의 시간이 쏜살같이 흘렀다. 대학을 졸업한 지 약 10년 후, 서른둘의 나이로 스위스에 위치한 글리옹GLION 호텔스쿨에 입학하여 호텔관광경영학을 전공하면서 호텔경영과 인연을 맺었다.
졸업 후, 비록 5개월 계약직으로 시작한 험하고 거친 길이었지만, 감사한 것은 굴지의 글로벌 브랜드 호텔에서 커리어를 시작할 수 있었다는 점이다. 서비스 오퍼레이션 부문에서 10년, 인적자원 경영과 인재개발 교육 부문에서 20년을 일하고, 글로벌 호텔 기업의 다양한 브랜드 오프닝 프로젝트에 여섯 번이나 참여하면서 호텔서비스 운영과 고객서비스 전반에 걸쳐 폭넓은 경험을 축적할 수 있었던 것은 호텔리어로서 큰 축복이었다.
최고의 호텔 브랜드에서 최고의 서비스를 기대하는 고객들과 소통하며 많은 걸 배웠고, 최상의 서비스 제공을 위해 온 열정을 다하는 직원들과 함께 호흡하고 고민하면서 얻은 값진 결과물은 나만의 소유가 아니라는 생각이 들었다.
지난해 30년의 현역 호텔리어 인생을 마무리하고, 하이엔드 럭셔리 호스피탤러티·휴먼 서비스 전문가로서 '오랜 기간의 경험을 바탕으로 축적된 노하우와 통찰의 공유'라는 새로운 도전을 꿈꾸면서 가장 먼저 시작한 일이 이 책의 구상이었고, 마침내 결실을 맺게 되었다. 이 길을 걸어오면서 만난 수많은 멘토를 통해 얻은 경험을 이제 미래의 휴먼 서비스 전문가를 꿈꾸는 사람들과 공유할 시간이다.

• TOB(토브) 글로벌럭셔리호스피탤러티연구소 대표
• 경영학 박사, 연세대학교 생활환경대학원 객원교수
• 콘래드 서울, 힐튼 코리아 전 인사총괄 전무
• 그랜드 하얏트 서울, 하얏트 코리아 전 인사 이사
• Linkedin. kate-kyungsook-park

최상의 고객경험을 위한

휴먼 커넥션 전략 30

최상의 고객경험을 위한
휴먼 커넥션 전략 30

초판 1쇄 발행 2023년 4월 30일

지은이 박경숙
발행인 이선애

디자인 신병근, 선주리
외주 편집 정민규
교정 김동욱

발행처 도서출판 레드우드
출판신고 2014년 7월 15일 (제25100-2019-000033호)
주소 서울시 구로구 항동로 72, 하버라인4단지 402동 901호
전화 070-8804-1030 팩스 0504-493-4078
이메일 redwoods88@naver.com
블로그 blog.naver.com/redwoods88

ISBN 979-11-87705-34-5 (03320)

Human

Connection

Strategy 30

for greatest customer experiences

박경숙 Kate Park

최상의 고객경험을 위한

휴먼 커넥션 전략 30

추천의 글

거스 히딩크 Guus Hiddink (전)대한민국 축구 국가대표팀 감독

경숙이가 자신의 책에 대해 몇 줄 적어달라고 요청했을 때 나는 그것이 쉽지 않음을 즉각적으로 느꼈다. 이미 오랫동안 그녀를 알고 지냈으며, 함께 아름답고 심오한 대화를 나누는 관계이기 때문이다. 그녀가 책을 통해 자신의 존재와 통찰, 경험을 나타내는 것을 기쁘게 생각한다.

그녀의 큰 자질 중 하나는 일단 상대의 말을 경청한 후 자신의 관점을 제시하는 것인데, 고도로 발달된 그녀의 공감 능력은 순수한 성격과 더불어 오랜 호텔서비스 비즈니스의 커리어에서 마주친 다양한 사람들과의 교류를 통해 닦아진 것이라 생각된다.

소셜미디어를 통해 대부분의 소통이 이뤄지고 있는 현시대에, 그녀는 고객과 직원에 대한 진정한 관심을 가진 강력한 커뮤니케이터다. 무엇보다도 그녀가 전하고자 하는 메시지는 바로 '서로의 눈을 바라보세요!'이다. 나는 그녀와 자주 눈을 마주치는 행복을 누려왔다. 땡큐 케이트!

When Kyungsook asked me to write a few words for her book I felt instantly the "journalism" problem being limited to a few sentences.

Because I know her already quite a long time and had beautiful, profound discussions with her. I'm glad that she has expressed her being, insights and experiences on paper.

One of her big qualities is listening and then giving her point of view. Her empathic power is highly developed first by her pure nature and second by dealing with various people in her long career in the service of hotel business.

She is a strong communicator with real interest in clients as well in staff which in current time is frequently done through social media. But her message above all is: look each other in the eyes! I've been happy to see her eyes frequently, thanks Kate!

패치 응 Patsy Ng 힐튼 인터내셔널 아시아태평양 인사 부사장

이 책은 사람의 손끝에서 나오는 서비스 세계에서, 디지털라이제이션이 결코 호스피탤러티 정신을 대체할 수 없음을 심오하게 일깨워주고 있다. 호스피탤러티의 핵심은 감동적인 행복의 순간, 진정한 럭셔리 환대를 전달하는 진심 어린 휴먼 커넥션에 있다. 호텔 산업에서 케이트의 인생 교훈은 우리 모두가 가질 수 있는 행복의 길, 즉 진정한 휴먼 커넥션의 예술과 가치에 기반한 환대를 주고받는 기쁨에 대한 훌륭한 학습이자 축하다.

This book is a profound reminder that in the world of service at your finger tip, digitalization can never replace the spirit of hospitality. The core of hospitality lies in heartfelt human connections that deliver emotive moments of happiness, the true luxury of hospitality. Kate's life lessons in the hotel industry is great a learning and celebration of the joy of giving and receiving hospitality through the art and values of authentic human connections, a path to happiness that all of us can take.

안성연 (전)그랜드 하얏트 서울 전무이사

AI 챗GPT 논쟁이 뜨거운 현재, 인간의 '공감 능력'이 미래에는 한층 더 중요해질 것이라는 측면에서 이 책은 의미가 크다고 생각한다. 하얏트와 힐튼 브랜드에서 오랜 기간 고객 그리고 팀 멤버들과 맺어온 감성 커넥션을 재확인할 수 있는 기회를 갖게 되어 참으로 기쁘다.

존 모라비토 John Morabito 파크 하얏트 시드니 인사 이사

여러 플랫폼에 걸쳐 케이트만큼 휴먼 커넥션의 중요한 가치에 대한 글을 쓸 자격이 있는 사람은 없다. 케이트는 진심 어린 배려와 경청으로 모범을 보이면서 매 순간 진정한 고객경험을 제공한다. 인재경영 분야에서 그녀가 이룬 성과와 수년 동안 쌓아온 그녀와의 우정이 정말 자랑스럽다.

No one is more suitably qualified to write on the critical value of human connection across multiple platforms than Kate. Kate leads by example by showing genuine care and a willingness to listen, and delivers an authentic experience each time. So proud of her accomplishments within the human resources sector and the friendship we've forged over the years.

권기봉 서울국제금융센터(SIFC) 대표이사

하얏트에서의 커리어를 내려놓고 아직 시작도 하지 않았던 콘래드 서울로 이직한 것만으로도 그녀의 큰 열정을 느낄 수 있었다. 함께 일하는 동안 박경숙 전무가 이룬 업적은 현재까지 이어지면서 호텔 운영 전반에 걸쳐 중요한 기반이 되고 있다. 힐튼 코리아 HR 총괄로서 그녀가 전하고 싶은 메시지는 결국 '사람'이다. "최상의 서비스를 제공하는 사람과 경험하는 이가 서로 감동과 영감을 주고받는다"는 그녀의 확신에 찬 메시지는 독자에게 서사가 아닌 방법으로 자세히 안내해줄 것이다.

마크 미니 Mark Meaney 힐튼 코리아 · 콘래드 서울 총지배인

케이트가 힐튼 코리아의 인사총괄 전무로 근무하는 동안 5년간 함께 일할 수 있는 영광을 가졌다. 리더십과 인재경영 분야에서 케이트의 경험은 그 누구에게도 뒤지지 않았고, 우리와 함께한 기간 동안 그녀는 힐튼의 훌륭한 자산이었다. 케이트는 진정한 전략적 HR 리더였으며, 사람을 대하는 그녀의 경험과 통찰은 회사가 매번 올바르고 장기적인 결정을 내리는 데 도움이 되었다. 국내 호텔 업계에서 케이트보다 더 휴먼 커넥션 탐구와 관련된 지식과 경험, 지성을 가진 사람을 나는 생각해낼 수 없다.

I had the honor of working with Kate for 5 years in her time as Cluster Director of Human Resources for Hilton in Korea. Kate's experience in Leadership and Human resources were second to none, and a great asset to Hilton in the time she was with us. Kate was a true strategic HR leader, her experience and insights in to dealing with people helped us make the right long term decisions time and time again. I can think of no one else in the industry in Korea that has the knowledge, experience and intellect to explore the Human Connection than Kate.

김승건 미래에셋컨설팅 대표이사, 포시즌스호텔 서울 대표이사, 한국호텔업협회 감사

호스피탤러티 서비스 기업의 경영자와 종사자는 물론, 이 분야에 관심 있는 사람이라면 이 책을 읽어보라. 고도화된 디지털 사회로 갈수록 휴먼 커넥션 역량이 왜 중요한지, 그리고 어떻게 그 능력을 키워야 되는지 이 책이 좋은 길잡이가 되어줄 것이라 확신한다.

안효조 GC케어 대표이사

헬스케어 사업에서 휴먼 커넥션은 필수 요건이면서 가장 큰 고민거리이기도 하다. 그런 면에서 이 책은 명료한 답안지 같다. AI가 정답을 찾아주는 시대에 살고 있다 할지라도 결국 사람에 대한 호스피탤러티 정신이 더없이 중요하다는 저자의 주장에 절절히 공감한다. 감성, 공감, 신뢰, 칭찬 등에 이르기까지 모든 내용에서 깊은 동의와 함께 시간 가는 줄 모르고 독서의 즐거움을 느끼게 될 것이다.

이광수 (주)스틸코리아 대표이사, (전)인천공항공사 부사장

18년 전 차별화된 인천공항 서비스 로드맵을 수립할 때 가장 많은 도움과 감명을 받았던 저자의 호스피탤러티 서비스 정신. 디지털 세상에 꼭 필요한 저자의 이 정신이 오롯이 녹아난, 최상의 고객경험의 결정체를 담고 있는 책이다.

남궁일성 김앤장법률사무소 전문위원

기술과 문명의 발전으로 점점 더 편리함을 추구하며 한쪽 방향으로 전력할 때 인간human에 대한 주옥같은 30개의 핵심 화두가 가슴을 울린다. 인간성 상실, 고독에 물음표를 던지는 이 시대에 진정한 답을 제시하는 진솔한 고백과도 같다. 특히 저자가 강조하는 '휴먼 커넥션'은 각박한 오늘을 사는 이들에게 깊은 울림을 주고 있는데, 저자가 제시하는 이 같은 방향성이 우리 삶의 나침반이자 진정한 길잡이가 될 것으로 확신한다. 호스피탤러티 서비스 분야에서 지난 30년간 고군분투하며 새로운 역사를 써 내려간 귀한 경험이 진한 커피의 여운으로 다가온다. 그 같은 깊은 경험과 노하우를 공유하겠다는 저자의 결단에 감사하며 새로운 도전에 큰 박수를 보낸다.

이창원 한양대학교 경영대학 교수, 글로벌경영학회 회장

30년간 호텔리어의 외길을 걸어온 전문가의 경험과 정신이 담겨 있는 이 책의 출간을 축하하고, 4차산업 사회에서 꼭 필요한, 디지털 문명의 근간은 휴먼 커넥션이라는 말에 깊이 공감한다. 이 책은 시대가 바뀌고 과학과 기술이 급변할지라도 결코 변할 수 없는 가장 큰 사회적 자본은 '휴먼'임을 다시 한번 깨닫게 해주며, 각 챕터의 제목이 특히 가슴을 설레게 한다. 이 책을 통하여 호텔리어 및 호스피탤러티 산업 종사자들이 새로운 휴먼 커넥션 경험을 갖기를 바라며, 더불어 사람들이 서로 교감하고 사랑하라는 로고스를 다시 한번 되새기는 계기가 되길 소망한다.

함선옥 연세대학교 생활환경대학원 교수

인간 존중이 더욱 중요한 가치로 떠오르는 포스트 코로나 시대에 던지는 금언이다. 서비스 산업 전문가의 현장 경험에서 우러나온 통찰과 노하우가 현대인을 위한 '휴먼 가치'를 전달한다. 나아가 인공지능, 디지털 테크놀로지 시대에 행복한 삶의 증진을 위해 새기고 싶은 감동으로 가득 찬 책이다.

정준이 백석예술대학교 호텔관광학부 교수

그동안 호텔리어로 많은 사랑과 존경을 받았던 박경숙 대표의 30년 호스피탤러티 정신이 고스란히 담겨 『최상의 고객경험을 위한 휴먼 커넥션 전략 30』이라는 이름으로 출간되어 매우 기쁘게 생각한다. '호스피탤러티 정신에 기반한 휴먼 커넥션'에 관해 간결하면서도 핵심적인 내용을 담고 있어, 21세기 디지털 커넥션 시대에 한층 더 큰 역할을 담당할 것이라 여겨진다.

콘래드 서울·힐튼 코리아의 인사총괄 전무로 30년의 호텔리어 인생을 마무리하고, 하이엔드 호스피탤러티·휴먼 서비스 전문가로서 노하우와 통찰의 공유라는 새로운 일에 도전하면서 돈으로 살 수 없는 값진 경험을 후배들에게 전하고 있다. 이 책은 디지털 시대에 호스피탤러티와 휴먼 서비스를 위한 가장 면밀한 지도서이자 안내서로, 휴먼 가치의 재발견과 그 향상에 집중하고자 하는 모든 독자에게 가장 효과적이며 유익한 길잡이가 될 것이라 믿는다.

강태영 스탠튼 체이스 코리아(Stanton Chase Korea) 대표이사

디지털 시대, 소셜 네트워킹의 발달로 수많은 사람들이 카톡, 페이스북, 링크드인에서 승진이나 생일을 맞은 지인들에게 축하 인사를 한다. 하지만 그 온라인 축하 인사는 쉽게 다가온 만큼 쉽게 잊히며 오래 기억되지 못한다. 이때 느껴지는 공허함은 단순히 기분 탓일까. 이럴 때 누군가 직접 찾아와 축하한다는 악수와 함께 말을 건네거나, 전화 한 통 해준다면 열 배 백 배 고맙게 느껴지면서 오래도록 기억에 남을 것이다. 이것이 바로 휴먼 커넥션의 힘이라고 생각한다. 좋은 인간관계를 형성하고 싶어도 2% 부족함과 어색함을 느끼는 사람들에게 이 책을 강력히 추천한다.

프롤로그

휴먼 커넥션이 답이다!

"21세기 디지털 커넥션 시대에 호스피탤러티 · 서비스 기업의 지속적인 성장과 경영을 가능케 하는 차별화와 경쟁우위는 무엇인가?"

이 질문에 나는 주저 없이 '휴먼 커넥션 역량'이라고 답하겠다.

4차 산업혁명을 일으킨 디지털 기술로 탄생된 '초연결, 초지능, 초문명' 시대는 이전과는 전혀 다른 라이프스타일을 제시하고 있다. 불과 십여 년 전만 해도 상상조차 할 수 없던 기술과 문명의 발전은 인간 삶의 패턴을 완전히 바꿔놓았다. 그런데, 자꾸 이런 의문이 든다.

'디지털 시대가 라이프스타일의 변화와 더불어 삶의 질도 높여주고 있을까? 과연 디지털 기술 문명의 발달에 따라 삶의 만족감과 감동 지수도 정비례하며 올라가고 있는 걸까?'

인간은 궁극적으로 행복을 추구하며 살아간다. 각자 걷는 길은 달라도 우리가 추구하는 삶의 목적은 결국 '행복'이다. 아무리 윤택하고 편리한 생활이 주어진다 해도, 그 속에 행복이 함께 존재하지 않는다면 그 삶은 지루할 뿐이며, 결국 지속될 수 없다. 이전에는 불가능했던 디지털 기술과 기계가 제공하는 편안함과 신속함이 좋기는 하지만, 결코 우리의 몸과 마음, 정신으로 느끼는 행복의 경험을 능가할 수는 없다.

행복은 홀로 오지 않는다. 사람 사이의 접촉과 교류가 있어야 한다. 진정한 행복을 느끼는 순간은 서로 밀접하게 '연결'되어 있을 때다. 상호 간에 '진정한 소통'을 할 때다.

서로의 체온과 호흡을 느끼며 형성된 유대감과 공감으로 이루어진 관계, 즉 커넥션connection은 대체불가하다. 인간의 가슴을 뛰게 만드는 일은 AI나 로봇이 할 수 없다. 행복감에 가슴이 벅차오르고 심장을 두근거리게 만드는 것은 인간의 뛰고 있는 심장이지, AI 로봇의 기계적이고 신속한 응대가 아니다. 기계적인 이성이 아닌, 인간적인 감성이다. **디지털 커넥션으로부터 나오는 떨쳐버릴 수 없는 공허감과 허무감, 고독은 36.5도 체온에서 느껴지는 인간의 따스한 손길, 공감을 전하는 눈빛, 뜨거운 심장으로만 치유될 수 있다.**

문명과 기술이 훨씬 덜 발달했던 시대에 비해 훨씬 덜 행복한 사람들로 가득 찬 이 시대가 요구하는 것은 호스피탤러티hospitality 정신을 바탕으로 한 휴먼 커넥션이다. 호스피탤러티 정신에 기반하지 않은 인간관계는 사상누각沙上樓閣이다. 호스피탤러티 정신이 담긴 휴먼 커넥션만이 '최상의 고객경험, 즉 뛰는 가슴과 진한 감동'을 만들어낼 수 있다고 감히 단언한다.

갈수록 경쟁이 치열해지는 환경에서 호스피탤러티·서비스 기업이 지속가능경영을 위한 전략적 해결책을 찾고 싶다면, 디지털 커넥션 기반 위에서 '휴먼 커넥션 역량을 어떻게 확보할 것인가?'에 대한 진지한 고민을 해야 한다.

디지털 시대의 산물인 '초연결, 초지능, 초문명'으로 인해 고객 기대는 날이 갈수록 높아지고 있다. 한없이 높아져만 가는 고객 기대 충족을 넘어서 고객 기대를 능가하는 서비스를 제공하고, 이를 통해 최상의 고객경험을 창출해내는 일이 점점 더 어려워지고 있는 것이 오늘날의 현실이다. 이 난제를 풀 열쇠는 단지 디지털 기술을 토대로 한 피상적 차별화가 아니라 인성에 기반한 '본질적 차별화 전략'이며, 이를 위해 내가 제시하는 것이 바로 '휴먼 커넥션 역량'이다. 디지털 커넥션의 홍수 속에서 '호스피탤러티 정신에 기반한 휴먼 커넥션'이 노아의 방주 역할을 할 것이라 믿는다. 또한 이 책이 그에 대한 진정한 의미와 답을 찾아나가는 항해 길의 길잡이가 되기를 바란다.

2023년 3월

국립중앙도서관 디지털 도서관에서

박경숙

Prologue

Human Connection is the answer!

What are the differentiation and competitive advantages that enable the hospitality and services firm's sustainable growth and management in the 21st century age of digital connection?

My answer is unequivocal: "Human connection competence"

The era of hyper-connection, super-intelligence and super-civilization created by the 4th industrial revolution presents a completely different lifestyle than previously. The development of technology and civilization, unimaginable just ten years ago, has completely changed the pattern of human life.

However, I keep asking these questions:

"Have these changes in lifestyle brought equivalent improvements in quality of life?"

"Can life-satisfaction and impression index be said to be in direct proportion to the development of digital technology?"

The pursuit of happiness lies at the heart of what is to be human. Though we each may take a different path, happiness is the underlying motivation that keeps us walking. No matter how prosperous and comfortable a life is, without happiness it cannot last long. The speed and convenience of digital technology may make life more comfortable, but this can never surpass the experience of happiness felt in body, mind and spirit.

Happiness rarely comes in solitude, it grows through contact and exchange between people. A moment of true connection and honest communication with another can nurture a profound happiness in both parties.

A bond of empathy is formed in the mutual recognition of each other's humanity, the warmth of their body and breath. This cannot be reproduced by any other means; AI cannot recreate a human heartbeat nor can it participate in the shared experience of being human.

This is what makes our heart thump with happiness, not the perfunctory calculations of an algorithm. It is human emotion, not mechanical reason, that heals the emptiness and isolation of our digitized age. **Our deep-seated desire to be recognized and appreciated is only satisfied by the**

human touch that comes from a body temperature of 36.5 degrees, sympathetic eyes and a warm heart.

Human relations that are not based on the spirit of hospitality is nothing but a castle in the sand. If isolation and alienation are inevitable products of this era of technological development, what we need now more than ever is not mere "hospitality", but "human connection in the spirit of hospitality", the courage and assertion to go beyond the simple provision of a service, to create a beating heart and a deep impression.

If hospitality and service companies want to find a strategic solution for sustainable management in this increasingly fierce competitive environment, the question of how our communications can retain these essential human connection capabilities warrants serious thought. Consumer expectations are rising in tandem with the rapid developments in hyper-connection, super-intelligence, and super-civilization of this digital age. Our challenge is to create the best possible customer experience through services which meet and exceed these customers' rising expectations. The key to solving this conundrum is to develop a strategy which differentiates by personability, rather than technology. I propose that human connection competencies lie at the heart of achieving this. In so doing, I hope that "Human Connections based on the Spirit of Hospitality" will act as an ark in the modern flood of digital connections. I hope that this book will be a guide on that voyage.

March 2023

At the National Library of Korea - Digital Library

Kate Kyungsook Park

차례

01

인간은 챗봇이 아니다

Humans are not chatbots

인간과 챗봇은 다르다. 로봇을 인간처럼 보이게 할 수는 있어도, 로봇이 인간이 될 수는 없다. 인간을 다른 영장류와 구분 짓게 하는 가장 큰 특징은 언어를 사용하며, 스스로 사유할 수 있다는 것이다. 인간은 이성과 감정을 갖고 있고, 이를 기반으로 지적 능력, 감성적 능력과 함께 자기 성찰과 문제해결 능력을 갖고 있으며, 스스로를 통합적으로 인식할 수 있는 주체다(wikipedia.org).

근대 철학의 아버지라 불리는 프랑스의 철학자 르네 데카르트René Descartes, 1596~1650는 저서 『방법서설』에서 "나는 생각한다, 고로 존재한다"Cogito ergo sum라는 명제를 제시하면서 우리 인간의 가치는 사고 능력에 있다고 했다. 또한 『EQ 감성지능』(Emotional Intelligence - Why it can matter more than IQ, 1995)을 저술한 대니얼 골먼Daniel Goleman의 주장처럼, 감성을 가진 인간은 타인과 상호 감정적 교류를 갈망하는 본성을 갖고 있다.

철학자나 심리학자가 아니어도, 우리는 인간의 사고와 감정 체계는 참으로 복잡하고 유기적이라는 사실을 알고 있다. 특히 조변석개朝變夕改하는 생각과 감정으로 인해 오늘의 내 생각이 어제와 다르고, 내일의 내 감정이 오늘의 그것과 달라질 수 있음을 안다. 오늘 좋았던 것이 내일은 보기 싫어질 수 있고, 반면에 어제 안 좋게 보였던 점이 내일은 괜찮아 보일 수 있다는 것도 안다. 또한 인간은 언제나 완벽히 제어된 이성과 감정을 가질 수 없는 불완전한 존재임을 알고 있다. 우리는 로봇이나 AI가 아니기 때문에, 어느 누구도 자기 생각과 감정을 매일 매 순간 완벽하게 통제할 수 없다.

인간은 때로 비이성적 판단을 내리거나, 돌이킬 수 없는 감정적 행동을 하기도 한다. 불완전한 이성과 감정에 의해 잘못된 길에 들어섰음을 깨달으면서도 방향을 틀지 못하고, 감정이 격해질 때는 거친 언행을 한 뒤 뒤늦게 뼈아픈 후회를 하기도 하며, 무시나 모욕을 당했다고 생각될 때 모멸감을 느끼며 화를 참지 못한다.

반면, 성숙한 이성과 감성을 갖춘 사람은 불완전한 가운데서도 상대의 불완전함을 측은지심惻隱之心과 역지사지易地思之의 마음을 갖고 보듬어주면서 오히려 부족함 속에서 인간미를 느끼고, 상대가 최선을 다하는 모습에서 정을 느끼며 배려의 손길과 사려 깊은 행동에 깊은 감사와 기쁨을 느끼게 된다.

인간은 사고력과 감성지능EQ을 가졌지만 불완전한 이성과 감정으로 인해 생각과 행동이 자주 바뀌거나, 타인이 이해하고 받아들이기 힘든 부정적인 모습을 보이기도 한다. 이것은 기계가 아닌 인간이기에 나타나는 지극히 자연스러운 현상이다. 그런데 인간의 이러한 당연한 특징에 대한 이해가 '고객-서비스제공자' 관계에서는 간과되는 경향이 있다.

서비스제공자 입장에서는 고객이 언제나 이성적인 모습이고 감정 컨트롤에도 완벽한 인격체이기를 기대한다. 고객도 감정을 갖고 있고, 상황에 따라 비이성적이거나 감정적으로 될 수 있는 불완전한 보통 사람이라는 생각을 안 하거나 못 하는 것이다. 어느 누구도 늘 완벽한 모습을 보이는 좋은 사람(고객)일 수만은 없다. 이성을 잃거나 감정이 격해지는 상황에서는 다른 사람(서비스제공자)을 화풀이 대상으로 삼기도 한다.

서비스제공자의 입장에서는 터무니없어 보이고 '내가 왜 저런 행동을 받아들여야 하는가?'라는 생각에 적대감이 들 수도 있다. 그러나 사람(고객)이 어떤 이유로 비이성적이고 감정적인 상태가 되었음을 이해하고 받아들이면서 지혜롭고 성숙하게 대처한다면 어떨까? 그렇게 대처할 때 고객은 자신의 이성을 되찾고 감정을 추스르게 되고, 결국 직원에게 깊은 감사를 표하는 결과를 이끌어낼 수 있다.

고객 관점에서는, 완벽한 업무 지식과 태도에 배려심과 공감력까지 겸비한 프로페셔널한 서비스제공자를 기대한다. 완벽한 업무 능력과 학습 능력에 인간성까지 갖춘 AI를 바라는 것이다. 그러나 서비스 직원은 AI챗봇이 아닌, 감정을 갖고 있는 불완전한 사람이다. 언제 어떤 상황에서든 친절한 모습과 활기찬 미소로 고객 니즈와 기대를 신속히 파악해서 결함 없이 제공하는 완벽한 모습을 갖춘 직원은 세상 어디에도 없다.

직원도 사람이기에 자신이 처한 환경이나 상황 또는 개인적인 일 등으로 인해 고객 접점에서 때로는 비이성적인 행동을 하거나 감정 컨트롤에 실패하기도 한다. 이럴 때 앞에 있는 고객이 사람(직원)의 감정을 조금이나마 헤아려주면서 이해하는 태도를 보여준다면, 직원은 힘든 와중에도 자신의 역할을 깨달으면서 좋은 서비스 제공에 최선을 다하고, 나아가 고객에게 깊은 감사를 표할 것이다.

이론의 여지 없이 비즈니스 관계에서 서비스제공자(직원)는 고객이 기대하는 바를 정확하고 신속하게 제공하는 것이 당연한 의무이자 책임이며, 그 대가로 합당한 값을 지불하는 것 또한 고객의 의무이자 책임이다. 그러나 우리가 결코 잊지 말아야 할 것은, 모든 비즈니스는 인간과 인간 사이에서 이루어지고 있다는 사실이다. 위에서 이미 언급했듯이 인간은 기계와 달리 365일 완벽하게 감정을 제어할 수 있는 능력을 갖고 있지 않다.

무엇보다 중요한 것은 인간의 이성과 감정은 상대의 그것과 연동한다는 사실이다. 이성과 감정의 상호작용이다. 이 상호작용 시스템을 온전히 이해할 때만이 비로소 '진정한 상호 이해와 소통'을 기대할 수 있다.

이성과 감정의 연동에 대한 이해를 바탕으로 소통하게 되면 사람(고객)과 사람(서비스제공자)은 외적인 상황이나 환경에 관계없이 인간적인 공감 관계를 형성할 수 있다. 미미킹Mimicking 이론을 제시한 심리학자 프리드먼Friedman 교수가 주장했듯이, 인간은 무의식중에 타인의 표정을 살피면서 그 사람을 모방하는 특성을 갖고 있다. 즉, 인간은 타인의 감정에 쉽게 전염될 수 있는데, 이 현상은 고객접점 서비스 현장에서 자주 목격된다. 어떤 시설이나 제품 자체의 문제로 화가 난 고객이 직원의 부정적 태도나 언행에 의해 화가 증폭되기도 하고, 반면에 직원의 공감 능력과 사려 깊은 태도 덕분에 고객이 이성을 되찾으면서 해피 엔딩의 결과가 나오기도 한다.

고객이 객실 내 시설 문제로 화가 나서 컴플레인을 할 때, 프런트데스크 리셉셔니스트의 '운 나쁘게 진상 고객을 만났네'라는 표정과 태도로 인해 작은 화가 큰 화로 커질 수 있다. 반면에 고객이 정말 화가 나서 소리를 지를 때, 직원의 "불편을 끼쳐드려 정말 죄송합니다! 제가 할 수 있는 최선을 다해 신속히 도와드리겠습니다"라는 진정성 있는 태도와 언행이 화를 누그러뜨리고 진정시킬 수 있다. 이 두 경우 모두, 고객을 화나게 한 근본 원인인 '사실, 상황'은 동일하며 여전히 해결되어야 할 문제로 존재한다. 하지만 고객을 대하는 직원의 감정

절제와 이성적인 대처에 의해 고객의 감정과 태도가 달라지고, 나아가 직원의 입장을 이해하는 마음을 갖게 되는 것이다.

최우선적으로 고객의 입장과 기분을 진심으로 이해하고 공감을 보이면 실제 문제를 해결하는 과정은 대부분 크게 어렵지 않다. 그러나 실제 문제와 전혀 관계없는 고객-서비스제공자의 생각과 감정의 상호작용이 너무도 다른 결과를 초래하는 것이다.

호스피탤러티 · 서비스 산업에서 '고객-직원 관계=주-종 관계'라는 예전의 고객 가치는 이제 완전히 퇴출되어야 한다. 그러나 21세기 디지털 시대를 살고 있다고 해서 고객과 직원이 서로를 AI챗봇 취급하면서 기계적으로 대해서도 곤란하다.

고객과 서비스제공자는 더 이상 '주종 관계'나 '로봇 대 로봇, 인간 대 챗봇, 챗봇 대 인간관계'가 아니라 '인간 대 인간으로 상호 소통하고 공감하는 관계'여야 한다. 인간의 성질을 갖고 있지 않은 기계나 로봇처럼 생각하고 말하고 행동해서는 안 된다. **인간성을 지닌 참사람으로서 서로의 마음을 헤아리고, 함께 울고 웃으며, 서로 기대고 의지하고, 서로의 좋은 점뿐만 아니라 부족한 점도 받아줄 수 있는 인간관계를 맺고 서로 존중해야 한다.**

인간 감성을 공유하는 관계가 진정한 휴먼 관계이며, 이것만이 지속가능한 관계다. 이 관계 수립을 위하여 '휴먼 커넥션'이 반드시 선행되어야만 한다. 메마른 메아리만 울리는 AI챗봇으로부터는 결코 최상의 고객경험을 기대할 수 없다. 공감과 감동을 부르는 최상의 고객경험은 사람과 사람 사이에 이어진 끈끈한 휴먼 커넥션으로 가능하다.

호스피탤러티 기업과 서비스 현장에서는 고객과 서비스제공자 모두 감정 없는 '기계'가 아닌 감정을 가진 '인간'임을 매 순간 기억하면서 상호 이해와 깊은 유대감에 기반한 커넥션을 형성해야 한다. 이 길만이 모든 기업의 목표인 지속가능한 긍정적 고객경험을 창출할 수 있다.

02

태도가
휴먼 커넥션의 출발이다

Attitude makes a human connection

"Future is an attitude!"

○○○ 자동차 회사의 캐치프레이즈다. 이 책 집필을 시작할 무렵 우연히 만난 이 광고 카피는 놀라운 기쁨과 공감을 불러일으켰다. 미래는 휴먼 커넥션에 달려 있고, 휴먼 커넥션은 미래를 바라보는 '우리의 태도'로부터 시작된다고 믿는 나의 관점과 절묘하게 맞아떨어지는 문구였다.

호텔서비스 기업에서 오랜 기간 근무하면서 깨달은 것들 중 하나는 '사람에 대한 가장 정확한 판단 기준은 태도'라는 것이다. 업무 지식과 스킬이 뛰어나다 해도 올바른 태도가 갖춰져 있지 않다면 채용을 심각하게 고민해봐야 한다는 사실이다.

언제부터인가 나는 이런 의문을 갖게 되었다.

21세기 디지털 시대를 사는 현대인들, 특히 MZ세대는 '태도attitude'의 뜻과 의미를 정확히 이해하고 있을까? 혹시 '태도'를 꼰대들의 잔소리 중 늘 튀어나오는 상투적 단어쯤으로 치부해버리고 있진 않을까?

이 책에서 논하고자 하는 것은 '태도가 좋다, 태도가 불량하다'에서 그런 유의 태도가 아니다. 항상 공손하고 순종적이면 좋은 태도인 것이고, 윗사람 앞에서 자기 생각을 표현하고 의견을 주장하면 겸손하지 않고 태도가 나쁘다는 의미도 아니다. **여기서 의미하는 태도는 세상과 사람을 바라보는 '관점, 시각'이며, '몸가짐, 마음가짐, 정신가짐'이다. 휴먼 커넥션의 출발은 '태도'에서 비롯된다.**

반면, 숫자를 기반으로 형성된 디지털 커넥션에는 태도, 즉 몸가짐, 마음가짐이 필요 없다. 데이터를 입력한 후 정보를 추출하면 되고, 디지털 커넥션 전문가가 되기 위해서는 데이터와 시스템을 잘 다루는 스킬과 지식만 있으면 된다. 그렇기에 특별한 '관점'이나 '가짐'이 굳이 필요하지 않다.

반면에 사람과 사람을 이어주는 커넥션은 다양한 휴먼적인 요소의 절묘한 조합이 있어야 가능하다. 그중 가장 파워풀한 요소가 바로 '태도'다. 인간이 갖고 있는, 사람과 세상을 바라보는 시각과 관점에 따라 상호 커넥션의 강도가 0에서 10까지 달라질 수 있기 때문이다.

모든 사람은 내적 에너지를 갖고 있다. 보이지 않고 만질 수 없지만 매우 강력하며, 긍정적인지 부정적인지도 느낄 수 있다. 초고도 기술 문명의 혜택 덕분인지 주변을 돌아보면 하나같이 빼어난 외모에 지식과 언변까지 갖춘 사람들이 넘친다. 그러나 긍정 에너지가 넘치고 보기만 해도 미소 짓게 하고 기운 솟게 해주는 사람은 드물다. 참 아이러니한 일이다. 이전과는 비교가 안 되게 더 아름답고 스마트하고 풍요로운 삶을 가져다준 디지털 문명 시대에 살고 있음에도, 감사와 행복을 느끼는 사람보다는 욜로YOLO : You Only Live Once를 외치면서도 내일은 고사하고 오늘 현재의 삶조차 온전히 살지 못하고 오직 더 많이 소유하기 위해 안간힘을 쓰며 불행을 자초하는 사람들로 가득 찬 현실인 것이다. 하지만 우리는 이 현실을 부정할 수도 벗어날 수도 없으며, 시대와 환경 탓만 하며 허송세월해서도 안 된다. 그럼에도 불구하고 인간으로서 이 시대를 잘 살아내야 하는 것이 우리의 숙명이다. 이 시대의 중요한 한 자리를 차지하고 있는 주체인 '나'로서 '온전한 나의 삶'을 살기 위해서는 무엇보다 올바른 '태도'를 가져야 한다.

사람 상호 간에 호감을 느끼고 긍정적인 관계를 맺게 하는 올바른 '태도'는 마음가짐, 몸가짐과 정신가짐에서 비롯된다. 호감을 부르는 언행, 존중과 신뢰를 부르는 몸가짐과 긍정의 마음가짐, 올바른 정신과 순수한 영혼을 가진 사람은 누구나 그를 좋아하고 따르게 된다. 긍정의 에너지를 가진 사람과 가까이하길 원하고, 부정의 기운이 느껴지는 사람을 피하고 싶어 하는 것이 인지상정人之常情이다.

종갓집 맏며느리로 1년 365일 대소사를 치러야 했던 어머니는 그야말로 '일 고력苦歷'과 '인간 고력'을 많이 겪으셨는데, 어머니의 '녹록지 않은 팔자' 덕(?)에 맏딸인 나는 어머니의 삶을 통해 많은 배움을 얻었다. 나의 호스피탤러티와 인간에 대한 기본 가치와 철학은 어머니의 대소사와 사람 경영에서 배운 것이라고 해도 과장이 아니니다.

어머니는 누구보다 인간 중심의 관점과 태도를 갖고 계셨다. 인간의 마음과 정신을 진정 이해하는 깊은 통찰을 가지셨고, 사람의 도리와 태도의 중요성을 강조하셨다. 어린 시절을 회상하면 언제나 '인간이 짐승과 다른 것은 인격 때문이다. 사람으로서, 사람답게 사는 길은 인간다운 태도와 정신에 달려 있다'는 것을 늘 강조하시던 어머니 모습이 여전히 생생하다. 어머니는 틈만 나면 자식과 식솔들에게 이렇게 말씀하셨다.

"사람 위에 사람 없고 사람 밑에 사람 없다."

"귀신은 경문에 막히고 사람은 말문에 막힌다."

"목에 칼이 들어와도 거짓을 말해서는 안 된다."

"옳은 건 옳은 거고 그른 건 그른 거다."

"안 될 성싶다고 해보지도 않고 포기해서는 안 된다."

"사람 눈은 속여도 하늘과 땅은 못 속인다."

"위만 쳐다보면 늘 불행하다. 위만 말고 아래도 보며 살아라."

"윗자리에 있어도 아는 게 없으면 아랫사람에게 속고 바보 취급당한다."

"바늘방석에 앉으면 고래 등 같은 기와집도 아무 소용없다."

"밥을 빌어먹는 한이 있어도 비굴해져서는 안 된다."

"순리대로 살아야 한다."

"할 말이 있으면 뒤에서 하지 말고 앞에서 해야 한다."

틈날 때마다 전해주시던 이 말 속에 녹아 있던 어머니의 사람과 삶에 대한 태도는 지금까지도 놀랍다. 대학 근처도 못 가시고 인문학적 지식도 전혀 갖지 못하신 분이지만, 어머니는 진정 인간과 삶에 대해 깊이 이해하셨고, 인간의 도리와 경우를 강조하셨다. 식솔이든, 행상이든, 몇 년 만에 만나는 먼 시골 친척이든 관계없이 집안의 귀한 손님 모시듯 대하는 어머니의 정신과 태도는 결코 사람에 따라 달라지지 않았다. 온 마음과 정성을 쏟으시며 주어진 상황에서 당신이 할 수 있는 최선을 다하셨다.

어머니는 진정한 스승이셨다. 큰 스승 곁에서 직접 보고 배운 경험은 나의 호텔 커리어에 견고한 반석이 되었다. 이 기반 위에서 30년을 꿋꿋하게 버티면서 호스피탤러티 휴먼 서비스 전문가로 성장할 수 있었고, 무엇보다 '휴먼 커넥션의 기반은 호스피탤러티 정신이며, 휴먼 커넥션은 태도에서 비롯된다'는 굳건한 믿음을 가질 수 있었다.

tip

휴먼 커넥션을 만드는 '태도' 기르기

최종 평가는 '태도'에 달려 있다

역량 평가는 지식과 스킬의 수준 평가로 시작되지만, 결정적인 최종 평가는 '태도'에 달려 있다는 것을 잊지 말아야 한다.

태도는 몸가짐, 마음가짐, 정신가짐으로 나타난다

❶ 몸가짐 호기심과 열정으로 빛나는 눈빛, 밝고 화사한 표정, 긍정 에너지를 발하는 몸짓, 상대를 존중하는 모습, 성숙함과 품격이 배어 있는 언행.

❷ 마음가짐 진정한 'Yes, I can do!'의 마음가짐, 상대에 대한 진정성을 품은 순수한 관심, 상대의 마음을 움직이는 소통 능력, 긍정적인 소신과 신념, '함께 잘 하고 잘 가자'라는 긍정의 프로페셔널리즘, 주변에 부정적인 시각이나 불가능해 보인다는 관점이 난무하는 상황에서도 가능성을 보고 키워가는 '꺾이지 않는 마음', 설혹 내일이 안 올지언정 앞으로 백 년을 기약하는 오늘을 만들겠다는 의지가 담긴 마음.

❸ **정신가짐** 개성을 중시하는 마음, 개인주의와 이기주의의 차이를 아는 가치 소유, 자신의 생각만큼 타인의 생각도 존중할 줄 아는 성숙함, 다른 사람들에게 긍정적인 영향을 끼치는 삶을 살겠다는 목적의식.

'상호작용'의 원리를 기억해라

자신의 태도가 상대의 태도를 좌지우지한다. 대화 상대의 태도(몸가짐, 마음가짐)가 거슬릴 때, 즉시 자신의 몸가짐과 마음가짐을 돌아봐야 한다. 어쩌면 내가 무의식중에 상대의 태도가 적대적으로 변하도록 빌미를 제공했을지도 모른다. '이 사람이 나한테 왜 이래?'라고 생각하기 전에 '내가 혹시 오해받을 말이나 행동을 했나?' 하고 자신을 돌아봐야 한다. 남의 티는 명확히 보면서 자기 눈의 대들보는 보지 못한다면 상호 커넥션을 맺을 수 없다. 상호작용의 원리에 따라 상호 간의 태도가 휴먼 커넥션의 수준(0~10)을 결정짓는다.

내면의 모습을 보는 눈이 있어야 상대를 진정 이해할 수 있다

피상적으로 보여지는 모습만이 아니라, 드러나지 않은 내면의 모습까지 파악해야 그 사람을 진정으로 이해할 수 있다. 현대 경영학의 아버지라 불리는 피터 드러커Peter Drucker의 말처럼 인간관계는 어떤 사람에 대해 얼마나 많이 알고 있느냐가 아니라, 얼마나 잘 이해하고 공감하는가에 달려 있다. 사막의 오아시스는 찾기 힘든 것이기 때문에 아름답고 신비로운 것이다. 오아시스를 찾아야만 비로소 사막의 진정한 아름다움을 느낄 수 있다.

'희망 키우기' 습관을 익혀라

물이 반 정도 들어 있는 컵을 보면 무의식중에 어떤 생각이 드는가? 그 생각에 따라 자신이 긍정적 성향인지 부정적 성향인지 판단해보자. '물이 반밖에 없네'라는 생각이 들었다면 '물이 아직도 반이나 있어!'라고 의식적으로 되뇌라. 긍정과 부정의 차이는 인식의 차이이며, 인식은 습관이다. 99% 칠흑 같은 어둠으로 뒤덮인 깜깜한 방 안에서도 긍정적인 사람은 1%의 한 줄기 빛을 찾고, 그 빛을 따라가며 희망을 키우고 미래를 열 수 있다. 하물며 50%의 희망이 있음에도 어떤 이들은 50%의 절망만을 보면서 그것을 키우고 종국에는 그 앞에 무참히 무릎 꿇고 좌절해버린다. 자기는 물론 주위 사람까지도 죽음으로 몰아가는 '절망 키우기'를 부추기는 부정적 관점(태도)은 '희망 키우기'를 독려하는 긍정적 관점(태도)으로만 치유될 수 있다.

성숙한 태도를 갖춰라

성숙함은 어떠한 상황에서도 상대방의 태도나 감정에 휘둘리지 않고, 스스로의 언행을 바르게 지키면서 관계를 이끌어나가는 성품을 지닌 사람의 모습이다. 진정한 성숙함은 서로에게 돌이킬 수 없는 상처를 주고받는 어리석음을 피하게 해준다. 자기 생각을 지혜롭고 성숙한 태도로 전하는 동시에 상대의 입장 또한 십분 이해하고 공감하면서 합일점에 도달하기 위해 최선을 다한다. 이런 사람의 모습은 언제나 아름답고 존경스럽다.

03

'감성 관계' 자산을 축적해라

Accumulate "emotional relationship" assets

"난 친구를 찾고 있어. 그런데 '길들인다'는 게 무슨 뜻이야?"라고 어린 왕자가 묻자 "그건 거의 잊혀진 말인데, '관계를 맺는다'는 뜻이야" 라고 여우가 대답했다.

그러면서 이렇게 말을 잇는다. "너는 내게 아직은 수많은 다른 아이들 중 한 명에 지나지 않고, 그래서 나는 널 필요로 하지 않아. 나도 네게 마찬가지지야. 하지만, 길들여지게 되면 서로를 필요로 하게 되고, 너는 내게, 나는 네게 이 세상에서 하나밖에 없는 특별한 존재가 되지." 이런 말도 더했다. "네가 날 길들이면, 나의 삶은 해처럼 환하게 빛날 거야. 나는 네 발소리가 다른 모든 발소리와 다르다는 것을 알게 돼. 다른 발소리를 들으면 동굴 속으로 숨겠지만, 음악처럼 들려오는 네 발소리는 굴 밖으로 나를 불러낼 거야."

프랑스의 소설가이자 비행사인 앙투안 드 생텍쥐페리Antoine de Saint-Exupéry의 책 『어린 왕자』Le petit prince에 나오는 어린 왕자와 여우의 대화 장면이다.

어린 왕자는 여우와의 대화를 통해 자기와 '길들여진 관계'에 있는 '이 세상에 하나밖에 없는 장미'를 떠올렸다. 그리고 깨달았다.

'세상에 셀 수 없이 많이 존재하는 너희 장미들은 모두 아름답지만, 텅 비어 있어. 아무도 너희를 위해 죽을 수 없기 때문이지. 행인들에게는 다 똑같아 보이겠지만, 나의 장미는 다른 어떤 장미들보다 내게 더 소중해. 내가 매일같이 물을 주고, 유리 덮개를 씌워서 바람을 막아주고, 벌레를 잡아주고, 심지어 장미의 신경질적인 불평도 들어주고, 도도한 성격도 받아주고, 가끔 말 한마디 안 해도 참아준 이유는 내게 단 하나뿐인 특별한 장미이기 때문이라는 것을.'

'진정한 관계'에 대해 이렇게 완벽히 정의 내린 글을 나는 아직 읽어보지 못했다. '관계'에 대한 생텍쥐페리의 깊은 통찰은 없어도, 우리는 관계의 중요성과, 진정한 관계는 삶에 큰 의미를 가져다준다는 것을 알고 있다. 한편 이와 더불어 '관계의 성격'에 따라 '관계의 미래'가 달라진다는 점에 대해 깊이 생각해볼 필요가 있다. 모든 인간의 내면에는 이성과 감성이 존재한다. 이성은 이성적 사고와 판단을, 감성은 감정의 흐름과 움직임을 이끄는데, 상반된 이 두 성질은 인간관계 형성에 큰 영향을 준다.

먼저 이성에 근거한 관계를 들여다보자. 자신에게 돌아올 유 · 무익이나 유 · 무해를 가리는 이성적 사고와 판단이 요구되는 비즈니스 관계가 대표적인 이성 기반 관계다. 이성 기반 관계는 상호 외적인 조건과 행동에 기반해 이뤄지는, 언뜻 보면 쿨하고 합리적인 관계다. 어느 쪽도 손해 보지 않는 윈윈 가치를 표방하면서 그럴싸한 관계로 보여질 수 있다. 하지만 이 관계는 기브앤테이크의 가치 위에 세워졌기 때문에 계산기와 계약서가 반드시 필요하다. 나아가 서로 간에 속고 속일 수 있다는 불안감과 팽팽한 긴장감이 항상 존재한다. 이성 기반 관계는 기브앤테이크 밸런스가 무너지는 순간 종료되는 관계다. 계약기간 동안은 유지되지만, 기간 만료와 함께 관계가 끝나는 것은 물론, 반대로 부정적 관계가 시작될 수도 있다. 이성적 관계에서는 이성의 힘이 감정보다 우위에 있을 때는 이성적인 행동과 판단이 제어기 역할을 하지만, 어떤 이유로 부정적 감정의 힘이 강하게 발휘되기 시작하면 이성의 힘은 급격히 약화될 것이다.

반면, 감성에 기반한 관계를 살펴보자. 사실 인간의 감정은 이성보다 더 빠르고 강하게 작용한다. 첫 대면 시 이성적인 관찰과 판단보다는 상호 간에 흐르는 감정의 느낌으로 상대를 판단한다. '느낌이 좋다', '왠지 마음이 간다'라거나 '까탈스러워 보인다', '왠지 거리감이 느껴지고 불편하다' 등의 느낌을 갖게 되는데, 이러한 느낌이 선입견을 갖게 하고, 이 선입견을 바탕으로 긍정적 또는 부정적인 관계가 형성된다.

물론 단순히 감정에만 의존한 관계는 위험하다. 자신의 일방적인 감정에 따라 상대방을 판단하고 그 사람에 대해 결론을 내리는 것은 설득력이 떨어지고 위태로운 관계로 발전할 수 있다. 편견이나 부정적인 선입견이 들어간 '감정 관계'는 매우 위험한 것으로서 지양되어야 하지만, 서로 간의 긍정적인 감정과 느낌이 바탕이 된 '감성 관계'라면 이야기는 다르다.

진정한 교감을 통해 맺어진 관계는 엄청난 힘을 갖고 있다. 이성에 기반한 관계처럼 유효기간이 없으며, 기브앤테이크 밸런스가 깨짐과 동시에 끝나버리는 관계가 아니다. 지속가능하며, 값을 논할 수 없는 ROI return on investment를 기대할 수 있는 관계다. **무엇보다 중요한 점은 대부분의 사람은 감성 관계를 더 중시하고 이에 의존한다는 사실이다. 이성적 판단에 근거해 형성되는 비즈니스 세계에서도 예외는 아니다.**

사람은 자기 이성의 움직임을 감추는 능력을 갖고 있고, 상대 이성의 흐름 또한 감추고 알려주지 않으면 알 수가 없다. 반면에, 우리는 상대의 감정을 읽을 수 있는 능력을 갖고 있다. 그리고 자신의 감정 흐름 또한 상대에게 들킬 수밖에 없다. 감정의 움직임은 우리의 눈빛,

얼굴 표정과 몸짓에서 자신도 모르게 드러나면서 숨길 수 없기 때문이다. 정도의 차이는 있겠지만 서로의 감정 상태를 알아차리고 그에 따라 태도와 표정이 달라진다.

고객접점service encounter 현장에서 굳이 말로 표현하지 않아도 고객의 눈살이 찌푸려져 있는 것을 보면 서비스 직원은 온몸이 굳어진다. 고객의 말과 행동에 '화'가 가득 찬 것이 보이면 서비스 직원의 심장은 불안과 두려움으로 마구 뛰기 시작한다. 반대로, 서비스 직원이 퉁명스러운 표정과 로봇 같은 말투로 대하면 기분 좋게 방문한 고객의 기분이 순식간에 상하기도 한다.

이렇게 비즈니스적 관계를 포함한 모든 인간관계에서 인간의 감정은 이성보다 훨씬 큰 영향을 미친다. 특히 고객감동과 긍정적 고객경험을 창출하기 위해 전력하는 호스피탤러티·서비스 기업에서는 고객과 서비스제공자 간의 상호 감성 관계 형성이 매우 중요하다. 주와 객이 있고, 주고받는 것으로 이루어진 이성적 비즈니스 관계는 생명이 짧고, 평생의 관계로 이어지기 어렵다. 비즈니스 환경, 상황과 여건이 달라짐에 따라 언제든지 종료될 수 있는 것이다.

그러나 감성 관계는 주와 객이 없는 평등한 관계라고 할 수 있는데, 그 이유는 상호 존중과 진정한 유대감 위에 맺어졌기 때문이다. 감성 관계는 계약서에 명시된 내용에 따라 제공해야 하는 것과 지불해야 하는 것이 반드시 일치하지 않아도 지속가능한 관계다. 때로는 더 줄 수도 있고, 때로는 덜 받을 수도 있는 관계다. 물질적으로나 마음적으로 서로에게 더 베풀고 싶어 하며 더 베풀어도 전혀 아깝지 않은 관계인 것이다. 진정한 감성 관계는 진정한 우정과 마찬가지로 평생 줄지 않는 자산이 된다.

장기 투숙객 M고객은 주말 오후마다 김밥이나 만두, 피자 등을 사다가 직원 팬트리pantry에 슬쩍 갖다 놓는다. '먹고 싶어서 샀는데 너무 많이 사서…'라는 메모와 함께. 고객 M은 바쁜 주말에는 서비스 직원들이 점심을 자주 거를 수밖에 없다는 것을 잘 알고 있었다.

고객 P는 컨시어지 S에게 "밥 잘 먹고 건강 잘 챙겨야 해. 그대가 없으면 내가 불편해지니까!"라면서 주기적으로 비타민을 가져다주었다.

고객 K는 EFLExecutive Floor Lounge 직원들이 정신없이 바삐 움직이는 것을 볼 때면, 라운지 커피머신의 커피통이 비어 있을 때 팬트리에서 직접 가져다가 리필을 해주고, 데스크의 전화가 울리면 직원 대신 전화도 받아주었다. 심지어 체크인하러 온 고객에게 "직원이 부재중인데, 조금만 기다리면 될 거예요"라고 하면서, 기다리는 동안 커피 한잔하라는 조언까지 해준다.

고객 H는 터무니없는 행동과 거친 말을 하는 고객을 상대하면서

완전히 지치고 의기소침해진 GSO Guest Service Officer J에게 초콜릿을 내밀면서 "기분 안 좋을 때는 이게 즉효야!" 한다. 그러면서 "나같이 점잖은 손님이 별로 없지! 하하"라는 농담을 덧붙이며 우울해하는 J가 미소를 되찾게 해준다.

단골고객 O는 호텔서비스나 시설에 대한 불만을 자주 표현한다. 불만 토로 뒤에는 꼭 이 말을 덧붙였다. "내가 갈 데가 없어서 여기 오는 게 아니야. 마음에 안 드는 게 한두 가지가 아니지만, 호텔에 대한 애정이 커서 계속 오는 거고, 무엇보다 나를 알고 이해해주는 자네들이 있어서지!"

1년에 200일은 호텔에서 묵는 고객 U는 직원 모두가 피하고 싶어 하는 고객이다. 나쁜 고객이어서가 아니라, 다른 고객에 비해 까다로운 요청 사항이 유난히 많아서다. 고객 U는 그날 아침에 자신과 대면한 직원이 하루 종일 자기 비서가 돼주기를 바란다. 운 나쁘게(?) 고객 U와 마주친 직원은 그날 객실과 라운지를 수도 없이 왔다 갔다 해야 하고, 퇴근도 제시간에 할 수 없게 된다. 고객 U는 또한 내성적인 성격으로 사람들이 많은 곳을 절대 피하고, 그래서 사람들로 북적이는 조식과 해피아워 시간에 라운지를 이용하는 것을 극도로 싫어했다. 슈퍼바이저 K는 고객 U와 직원들의 입장을 이해하면서 해결 방안을 모색했다. 쉬는 날이 아닌 한 K가 고객 U의 비

서(소통 채널)가 되었고, 룸서비스 메뉴보다 라운지의 조식과 해피아워 음식을 선호하는 그를 위해 원하는 시간에 조식과 해피아워 스낵을 음료와 함께 준비해서 객실로 직접 서비스해주었다. 이렇게 해결하자 고객 U와 직원들 모두가 행복해졌다.

이성적 관점과 비즈니스 관계 가치로 보자면 위의 사례들은 이해하기 힘들다. 이는 오직 교감과 유대감으로 형성된 감성 관계 가치로만 설명이 가능하다. 고객은 더 이상 단순한 고객이 아니며, 직원도 단지 직원이 아닌 이러한 관계는 가족이나 친구로부터 느끼는 감성 관계와 닮아 있다. 힘든 상황에 놓여 있거나 지쳐 있고 우울해하는 동생이나 친구를 안쓰럽게 여기며 도와주고 싶은 마음을 갖게 하는 형제나 절친의 관계인 것이다.

tip

평생 줄지 않는 감성 관계 자산 축적하기

감정은 다스리고 감성은 강화해라

공감 능력은 사람의 마음을 얻는 최고의 무기다. 측은지심, 역지사지를 늘 마음에 품어라. 물리적인 눈과 함께 마음의 눈을 밝혀라.

시간과 인내의 가치를 담아라

소중한 관계 형성에는 상대를 이해하는 데 들이는 충분한 시간 가치와 상대의 마음을 얻고 공감하는 데 필요한 끈질긴 인내 가치가 요구된다.

고객도 직원도 '인간'임을 인식해라

고객도 직원도 사람이다. 어느 누구도 완벽할 수 없으며, 실수도 잘못도 할 수 있다. 관계 형성은 서로 불완전한 인간임을 인정하는 데서 시작된다. 실수나 잘못은 미루지 말고 즉각적으로 인정하면서 서로를 이어줄 신뢰의 다리bridge of trust를 놓아라.

최고가 아닌 최선이 주는 감동이 더 크다

항상 최고의 모습이 아니어도 괜찮다. 감동은 최선을 다하는 모습에서 나온다. 스스로의 한계를 인정하고 그것을 부끄러워하지 마라. 정작 부끄러워할 것은 '대충', '적당히'다. 온 마음과 정성을 다하는 모습만이 이성이 아닌 감성을 건드릴 수 있다.

작은 것을 소중히 여겨라

큰 것에 집중하지 말고 작지만 진정한 터치에 집중하라(Don't focus

on big stuff, but small genuine touch). 진심이 담긴 말 한 마디, 전화 한 통이 더 소중하다. 형식적인 와인 셋업 대신 고객이 진정 좋아하는 것을 기억하고 그것을 선물해라. 비싸고 화려한 카드 위에 프린트된 형식적인 인사말이 아닌, 평범한 편지지라도 정성 어린 손길과 마음이 들어간 인사말을 전해라.

'감정노동'이라는 생각을 버려라

'감정노동'이라는 단어는 그대 사전에 없게 해라. 그 말 자체가 서비스의 의미와 가치를 훼손할 수 있다. 반대로 '감정 기쁨'을 추구해라. 감정노동의 가치 인식에서는 매일의 서비스가 해야만 하는 힘겨운 일일 뿐이지만, 감정 기쁨의 가치 인식에서는 매일의 서비스가 기쁨이 된다. 일로 하는 서비스는 잘잘못 평가로 되돌아오지만, 기쁨으로 하는 서비스는 고객감동과 최상의 고객경험으로 돌아온다. 무엇보다 평생 갈 인연(사람)을 얻을 수 있다.

희로애락을 공유해라

서로 좋을 때만 좋은 관계는 수명이 짧다. 안 좋은 상황, 얼굴 붉히는 일을 겪는 가운데 서로를 인정하고 이해하면서 맺어진 관계만이 진정한, 그리고 지속가능한 관계로 발전할 수 있다.

질문으로 상대방의 마음을 열어라

질문 못 하는 바보는 있어도 바보 같은 질문은 없다. 감성 관계 형성은 질문으로부터 시작된다. 질문으로 순수한 관심을 보여라. 순수한 관심이 담긴 질문은 상대의 마음을 열고 진솔한 대답을 이끌어내며, 무엇보다 '관심 받고 있다'는 기쁨을 만들어낸다.

04

경청으로
'공감 커뮤니케이터'가 되어라

Become an "empathic communicator" by listening

"당신은 당신 회사의 '주 고객'에 대해 얼마나 알고 있습니까?"

이 질문에 쉽게 답할 수 있는가?

'최상의 고객경험 전달을 위한 첫 스텝은 고객의 니즈와 기대를 파악하는 것이다'라는 의견에 반론을 제기할 사람은 없으리라 생각된다. 그리고 기업의 경영진과 고객접점에 있는 서비스제공자에게 위의 질문을 한다면 거의 모두 아래와 같이 답하리라 추측된다.

"우리는 최첨단 디지털 기술을 도입해서 고객의 빅데이터를 수집, 분석하고 있기 때문에 고객의 니즈와 기대를 정확히 파악하고 있다."

예상했던 답이다. 디지털 시대에 들어서면서 기업들은 앞다투어 첨단 디지털 기술을 도입하고 활용하면서 고객정보(빅데이터) 수집에 전력하고 있다. 한 번이라도 그 기업의 상품이나 서비스를 구매한 적이 있는 고객의 성별, 연령, 주거지 등이 기업 시스템에 모두 입력된다. 지속적인 구매 기록이 있다면 이를 바탕으로 주로 어떤 상품을 언제, 왜, 얼마나 자주 구입하는지, 심지어 무슨 목적으로 구입하는지, 누구를 위해 구입하는지까지도 알 수 있다. 호텔 투숙객을 예로 들자면, 무슨 목적으로 이용하는지, 동반자가 있는지, 주로 이용하는 호텔 업장이나 시설은 어디인지, 어떤 레스토랑을 자주 이용하는지, 어느 시간대에 이용하는지, 선호하는 음식과 음료는 무엇인지 등 고객에 대한 수많은 정보를 수집, 보관할 수 있다. 물론 고객의 동의하에.

현대 기업에서 빅데이터 수집에 전력을 다하는 이유는 차별화된 '고객경험 창출 전략' 수립을 위해서다. 수집된 빅데이터를 활용함으로써 고객 니즈와 행동을 분석하여 마케팅 전략을 수립하고 신상품과 서비스 개발을 통해 최상의 고객경험을 창출하는 것이 기업 목표다. 그렇기에 디지털 시대의 경영전략 수립에서 빅데이터의 역할은 새삼 강조할 필요 없이 중요하지만, 결코 간과해서는 안 될 점이 있다.

빅데이터가 엄청난 양의 고객정보이기는 하지만, 대부분은 '외적 정보'facade information라는 사실이다. 겉으로 드러나 있는 외적 정보는 약간의 기술력과 시간만 들이면 쉽게 획득할 수 있는 정보다. 물론 외적 정보라 할지라도 그것을 면밀히 파악하고 분석하여 경영전략에 활용하는 과정이 필수적이고 중요한 기업 마케팅 활동이기는 하지만, 지속가능한 고객경험 창출에 직접적인 영향을 주기에는 한계가 있다. 왜냐하면 최상의 고객경험은 '무엇을'이 아닌 '어떻게'에 달려 있기 때문이다.

상호 간의 소통과 교감을 통해 깊은 이해와 공감을 형성하는 길만이 진정한 고객경험에 다다르는 길이며, 이 길을 열어주는 것은 외적 정보가 아닌 본질적인 정보, 즉 고객의 내적 정보다. 고객의 생각, 사고, 내면의 욕구와 기대, 감성지수 등과 같은 내적 정보는 고객과의 긴밀한 소통과 유대감 형성을 가능하게 해준다. 이를 통하여 최상의 고객경험을 창출하는 길이 열리는 것이다.

위의 주장에 따른다면, "디지털 기술의 위대한 산물인 AI챗봇을 통해 기업이 필요로 하는 고객의 '내적 정보'(고객의 정신과 마음 깊은 곳에 숨겨져 있는 생각, 사고, 기대, 감정)를 알아낼 수 있을까? 과연 '챗봇'을 통해 기업이 고객과 감성 관계를 맺을 수 있을까?"라는 질문이 뒤따를 것이다.

이에 나는 "AI챗봇은 그 역할을 할 수 없다. 사람의 '내적 정보' 파악은 사람 사이의 진정한 교감과 소통에 의해서만 가능하다"는 답을 내놓겠다.

결국, 디지털 기술력에 의해 수집된 '빅데이터' 정보는 아이스버그iceberg의 수면 위로 드러나 있는 20%가량만을 보여줄 뿐이며, 아이스버그 밑에 숨겨진 80%는 여전히 탐구해나가야 할 영역으로 존재한다는 사실이다.

여기서 우리는 다시 아래와 같은 질문을 제기할 수 있다.

"그렇다면 수면 밑에 숨겨진 아이스버그의 80%를 어떻게 파악할 수 있을까?"

이에 대한 답을 내놓기 전에 고객접점에 있는 서비스제공자의 역할에 대한 재고가 필요하다. 이전의 경영조직은 전략팀이나 마케팅팀에서 고객행동과 니즈 분석을 담당해왔고, 고객접점 현장에 있는 서비스제공자들은 표준화된 상품과 서비스를 단순히 제공하는 역할만을 해왔다. 즉, 서비스제공자의 역할은 표준화된 서비스 시스템과 업무 스탠더드를 잘 숙지한 후 그것을 고객서비스 현장에서 성실히 접목하고 실행하는 것이었다. 이런 전통적인 가치 기반 위에서 대다수의 기업들이 디지털 시대에 들어서면서 당연한 듯이 고객접점에 있는 서비스제공자를 로봇이나 챗봇으로 대체했고, 이를 통해 신속하고 효율적인 서비스, 생산성 향상, 인건비 절감을 달성했다며 쾌재를 부른다.

그런 그들에게 나는 "진정 챗봇이 고객의 니즈와 감정까지도 정확히 읽고 적절히 응대하면서 긍정적인 고객경험을 이끌어내고 있다고 믿는가?"라는 질문을 던지고 싶다.

물론 신속한 응대와 효율적인 서비스를 제공하는 능력은 갖고 있지만, 인간 속성에 대한 이해와 공감력이 없는 AI챗봇, 로봇은 결코 최상의 고객경험을 만들어낼 수 없다. 로봇과 챗봇은 데이터화되어 있지 않은 특별한 니즈나 상황에 대처하는 능력은 갖고 있지 않다.

챗봇은 일반적이고 개괄적인 요구 사항에 대한 응답은 할 수 있지만, 지극히 개별적이고 독특한 개개인의 니즈와 감정을 파악하는 능력은 없다. 고객은 결국 엉뚱한 답변만 듣는 상황에 놓이고 챗봇과의 동문서답에 지치는 경험을 거의 매일 하고 있다. 우리가 반드시 기억해야 할 것은, 십수 년 전의 표준화된 서비스, 일반적이고 객관화된 서비스에 만족했던 고객은 이제 더 이상 존재하지 않는다는 사실이다. **각각의 고객이 자신의 개성과 니즈를 주장하고 개별적이고 맞춤화된 서비스를 기대하는 시대다.**

그렇기 때문에 서비스제공자-챗봇 서비스가 아닌 휴먼 서비스제공자의 역할이 더욱 중요해졌으며, 휴먼 서비스제공자가 고객접점에서 고객 니즈와 기대를 정확하고 상세하게 파악하면서 그에 따라 적절하고 신속하게 응대하는 것이 최상의 고객경험 창출의 성패를 가늠하는 잣대가 된 것이다.

"고객을 가장 잘 알고 또 알 수 있는 서비스제공자는 바로 고객접점에서 고객과 함께 호흡하고 소통하는 사람, 바로 서비스 현장 직원이다!"

내가 고객접점에 있는 프런트라인frontline 직원을 대상으로 교육할 때마다 한결같이 강조하는 말이 있다.

"여러분은 고객과 회사 모두에게 중요한 역할을 하고 있다는 사실을 꼭 마음 깊이 새기시기 바랍니다. 고객이 무엇을 원하고 어떤 기대를 갖고 방문하는지를 가장 잘 알 수 있는 사람이 바로 그대들이며, 또한 파악된 고객 니즈와 기대를 경영진, 동료들과 신속하고 정확하게 공유할 수 있는 사람도 그대들이기 때문입니다."

휴먼 서비스제공자로서 이제 우리는 아래 질문에 대한 진지한 고민을 해야 한다.

'어떻게 고객 마음이 활짝 열리게 만들고, 고객과의 유대감과 감성관계를 형성하며 이를 토대로 최상의 고객경험을 전달할 수 있을까?'

'최상의 고객경험 창출'이라는 길고 힘든 마라톤을 위해 반드시 갖춰야 할 역량은 '최고의 경청자이자 지혜로운 질문자가 되는 것'이다.

우리는 '경청'의 힘을 알고 있다. 경청의 목적이 '공감'이라는 것도 알고 있다. 사람이라면 누구나 서로 대화를 할 때 상대가 자신의 말을 경청하고 자신이 하는 말의 의중을 이해해주는가에 민감하다. 특히 부정적이거나 좋지 않은 내용을 이야기할 때 더더욱 그렇다. 그래서 상대가 자신의 이야기에 진정성을 담아 경청한다고 생각되면 자연스레 마음을 열게 되고 감사한 마음으로 긍정적인 대화를 이어갈 수 있다. 또한 신뢰할 수 있는 상대라고 생각하면서 자신의 솔직한 생각과 깊은 감정까지도 공유하게 된다. 자신이 충분히 이해받고 있으며, 나아가 존중받고 있다고 믿기 때문이다.

'최고의 경청자'는 선천적으로 타고나는 능력이 아니라, 후천적으로 터득하고 길러질 수 있는 스킬이다. 이 스킬을 온전히 터득하기 위해서는 '경청'의 기본 개념을 정확히 이해해야 한다.

tip

경청의 기본 개념과 가치

- 경청은 상대의 말뿐 아니라 마음까지도 읽는 것이다.

- 말 잘하는 사람은 상대의 입을 닫게 하고 때로는 마음까지 닫히게 하지만, 잘 듣는 사람은 상대의 입을 더 크게 열고, 더불어 마음까지도 활짝 열리게 한다.

- 경청을 통해 상대의 생각과 의중, 가치관을 정확히 이해할 수 있다. 결국 경청은 상대를 가장 잘 이해하는 유일한 길이다.

- 경청은 상대가 감춰왔던 비밀(Hidden box in Johari's Window)까지도 스스로 오픈하게 만드는 힘이 있다. 심리학자인 조지프 러프트Joseph Luft와 해링턴 잉햄Harrington Ingham에 의해 1955년에 제시된 조하리 창Johari's window 이론에 의하면 인간관계에는 네 개의 창(four windows: open, blind, hidden, unknown)이 존재하는데, 각 창의 크기에 따라 상호 관계가 결정된다. 경청을 통한 소통은 상대의 내밀한 면까지 드러내게hidden to open 해준다.

• 듣는 사람의 마음이 열려 있어야 더욱 잘 들리고, 들은 내용을 온전히 이해할 수 있다. 마음을 열지 않은 채 듣는 것은 서로에게 시간 낭비일 뿐이다.

• 가슴으로 경청하고 마음으로 질문하는 것은 상대에 대한 순수한 관심과 깊은 존중의 가장 큰 표현이다.

• 훌륭한 경청자는 지혜로운 질문자가 될 수 있다. 현명한 질문은 진솔한 경청에서 나온다. 훌륭한 경청자이자 지혜로운 질문자는 상대로부터 존중과 신뢰를 얻는다.

tip

경청의 기술

우선 2~3초가량 깊은 호흡을 하고, 마음과 눈을 활짝 열면서 빛을 밝힌다

귀를 통해서만이 아니라 눈과 마음을 통해 듣는 준비를 해야 한다. 이 행동은 얼굴 근육과 몸의 긴장을 풀어주고, 여유로운 마음가짐과 몸가짐을 만들어준다.

따뜻한 감성 기운을 온몸 가득 담아라

감정을 다스리면서 온기를 불러온다. 마음의 온기는 긍정적인 기운을 더욱 강화하고 부정적인 기운은 가라앉히는 힘이 있다.

상대 눈빛을 관찰하고, 몸과 감정의 기운을 파악한다

이때 상대를 파악하기 위해 뚫어져라 바라보는 것은 절대 금물이다. 상대를 부드럽게 바라보면서 자연스럽게 알아내는 것이 중요하다.

온 마음과 영혼을 다해 상대를 영접한다

상대로 하여금 마치 기다리고 있었던 듯 생각하게 만들어라. 누구든 불청객이나 불시에 치고 들어온 사람이 되고 싶어 하지 않는다. 특히 우리 고객들은 더욱더 그렇다. '여태껏 당신을 기다렸습니다'의 마음으로 환영해라.

상대를 영접할 때 가급적 말을 많이 하지 않는다.
그러나 목소리 톤, 발성, 높낮이 등에 집중한다

특히 불만 사항인 경우에는 고객이 내면에 쌓인 격한 감정을 모두 쏟아낼 수 있는 '기회'와 '시간'을 주는 것이 중요하다. 이것은 고객 감정이 스스로 정화되는 과정이므로 그대가 고객 '화'의 원인을 직접 제공한 사람이 아니라면 결코 개인적인 감정으로 받아들여서는 안 된다.

온몸, 마음과 눈빛으로 상대에게 집중한다

세상에 둘만 존재한다는 듯 상대에게만 집중하고 몰입한다. 다른 그 어느 것도 끼어들 자리 없이 오직 말하는 고객과 듣는 그대만이 있다고 생각해라. 단지 상대가 하는 말뿐이 아니라 마음과 영혼을 듣고 이해해나가는 과정이 경청이며, 그것은 상대에게 집중하고 몰입하는 데서 비롯된다.

진심 어린 마음과 눈빛으로 상대를 이해하고 공감하려는 모습을 보인다

고객과의 대화 중 서비스제공자로서 이해가 안 되고 공감할 수 없는 상황이 있는데, 어느 누구도 무조건적으로 타인을 이해하고 공감할 수는 없다. 이해와 공감에는 '노력'이 필요하다. 중요한 것은 이해하고 공감하려고 노력하는 태도다. 화가 난 고객은 거의 대부분 자신이 터무니없이 화내고 있음을 이성적으로는 알고 있다. 다만 감정 컨트롤 기능이 상실된 상태인 것뿐이며, 이때 그대가 진정성 있는 태도로 고객 말에 공감하고 이해하려는 노력을 보이면 놀랍게도 잠자고 있던 고객의 이성이 재가동하면서 스스로 감정을 추스르는 것을 목격할 수 있다.

영혼 없는 응대(반복적인 "네, 네"와 과한 고개 끄덕임)는 절대 금물이다

일반적으로 열심히 듣는 모습을 보여주겠노라 마음먹은 사람에게 나타나는 잘못된 버릇은 "아, 네, 네"를 습관적으로 반복하거나 진정성이

라곤 1도 없는 '고개 끄덕이기'인데, 이러한 영혼 없는 리액션은 상대로 하여금 부아가 더 치밀어 오르게 할 수 있다는 사실을 기억해라.

진정성이 결여된 사과는 사과로 받아들여지지 못한다

고객 불만 사항을 들어야 하는 경우, 잘못된 점을 시인하고 사과를 표명하는 것이 중요하다는 걸 우리는 알고 있다. 하지만 이때 진정성이 한 푼도 안 들어간 사과나 '고객이 화난 게 내 탓은 아닌데…'라는 태도로 변명과 핑계만을 늘어놓는 행동은 절대 삼가야 한다. 이런 사과는 오히려 고객의 화를 더 부추기고, 실제 원인이 된 문제보다 더 큰 화살이 자신에게 돌아오게 된다. 무엇보다, 누구의 잘잘못을 떠나 남의 탓으로 돌리면서 변명하는 태도는 그 누구로부터도 존중받지 못한다.

패러프레이징(paraphrasing : 말 바꿔 설명하기)을 통해 신뢰를 얻는다

상대가 말한 내용을 요약해서 반복하는 과정은 대화 시 꼭 필요한 스킬이다. 고객과의 대화는 어떤 내용이든지 중요하므로 반드시 기억해야 한다. AI 지능을 갖고 있지 못한 우리는 들은 내용을 완벽히 기억할 수 없다. 특히 부정적인 대화의 경우, 사람인 그대는 어쩔 수 없이 부정적 감정에 휩쓸릴 수밖에 없고, 뇌가 원활히 작동하지 않으면서 순간적으로 기억력 저하 현상이 발생될 수 있다. 그러므로 고객이 말한 내용을 확인하는 과정이 필요한데, 들은 내용을 모두 장황하게 늘어놓을 수 없으므로, 육하원칙(5W 1H)에 의거하여 간단명료하게 요약하고 그것을 고객과 확인해야 한다. 이 패러프레이징 과정을 통해 고객은 서비스제공자가 경청했음을 알 수 있게 되고, 따라서 자신의 요청 사항이나 문제를 완벽히 처리해줄 거라는 믿음과 신뢰를 갖게 된다.

지혜로운 질문법을 통해 완벽한 신뢰와 호감을 얻는다

지혜로운 질문의 핵심은 상대의 생각과 의도를 자연스럽게 파악하는 데 있다. 지혜로운 질문의 출발은 육하원칙에 기반한 열린 질문과 탐색적 질문에 있다. 열린 질문과 탐색적 질문은 경청을 통해서만 가능하다. 대화 시 상대가 자신의 말을 경청하고 있음을 확실하게 느끼는 순간은 듣는 이가 말한 내용에 의거한 적절하고 필요한 질문을 적시에 했을 때다. 건성으로 들은 사람은 절대 시의적절한 질문을 할 수 없다. 아무리 불같이 화가 난 고객이라 할지라도 서비스제공자가 진심 어린 태도로 경청하고, 경청 후 들은 내용을 토대로 필요하고 적합한 질문을 한다면, 고객은 자신의 말을 온전히 듣고 이해했다는 사실에 조금씩 화가 풀리면서 '내 말을 경청하고 이해해주는 이 직원이라면 문제를 잘 해결해주겠구나'라는 신뢰를 갖게 된다. 그리고 자신의 말을 열린 마음과 진정성 있는 태도로 경청하고 공감해준 그 직원에게 긍정적인 감정이 생겨나는데, 이는 고객과 서비스제공자 사이에 깊은 유대감이 형성되는 첫 시작이다.

올바르고 신속하게 해결한다

잘 듣고 이해하고 공감하는 것이 경청의 끝이 아니다. 경청의 목적은 이해하고 공감한 내용을 바탕으로 고객의 니즈나 문제를 해결하는 것이다. 아무리 경청을 잘했다 할지라도 이해한 내용을 바탕으로 행동을 취하지 않으면 경청을 통해 쌓은 신뢰를 바로 잃을 수 있다. 그러므로 신속하고 올바른 행동action과 실행follow-up이 매우 중요하며, 무엇보다 고객에게 사전에 실행 계획을 알려주면서 문제해결 과정과 시간 소요 등에 대한 동의를 구해야 한다. 특히 그대가 직접 해결할 수 없는 문제이거나 시간이 많이 소요될 거라 예상되는 경우에는 반드시 고객과의 합의 과정을 통해 추후에 부가적인 문제가 발생하지 않도록 해야 한다.

결과에 대한 피드백을 확인한다

적절한 솔루션 방법을 제시하고, 그것을 실행에 옮긴 후 반드시 고객 피드백을 확인한다. 이때 피드백을 확인하는 사람이 중요한데, 문제를 실제 해결한 사람이 고객 피드백을 들을 수도 있지만, 긍정적인 마침표를 찍고자 한다면 고객으로부터 문제를 직접 듣고 대화를 나눈 '경청자'가 고객과 소통할 필요가 있다.

나는 실제 그런 경험을 한 적이 있다. 홈쇼핑으로 제품을 구매했는데 배달 사고가 발생했다. 이 문제를 처음 접수받은 고객센터 직원은 친절한 태도를 보였고, 배송업체와 신속한 커뮤니케이션을 했다. 그 결과 다른 곳으로 잘못 배달되었던 상품을, 비록 이틀 정도 지연되기는 했지만 받았고, 배송업체에서 챗봇을 통한 형식적인 문자 사과도 있었다. 요즘 서비스 역량을 어느 정도 갖춘 기업이라면 이런 서비스 수준은 다 갖춘 듯하다.

그런데 내가 해당 홈쇼핑의 진정한 충성고객이 된 계기가 된 것은 처음 나의 문제를 접수하고 대화했던 고객센터 직원의 경청하는 태도와 추후에 취한 행동이었다. 첫 대화를 시작한 순간부터 문제 발생에 대해 회사를 대표하여 진심 어린 사과와 더불어 나의 입장에 공감했고, 신속한 행동을 취하면서 최대한 빠른 시일 내에 재배송이 이뤄질 수 있도록 조치했다.

그러나 진정한 감동은 고객센터 직원의 마음과 태도에서 비롯되었다. 그 직원은 재배송이 이루어진 날, 내게 직접 전화를 걸어 주문한 물건이 모두 정확하게 배송됐는지 재확인했다. 챗봇이 대신 보내준 몇 줄의 문자가 아니라, 차분하고 상냥한 사람 목소리로 "회사를 대신해 다시 한번 진심으로 사과드립니다. 이번과 같은 실수가 두 번 다시 발생하지 않도록 저희 직원들 모두 최선을 다할 것임을 약속드립니다. 앞으로 더 좋은 서비스를 통해 고객님의 신뢰를 회복할 기회가 있기를 바랍니다. 감사합니다"라는 그녀의 말에서 진솔한 표정과 마음이 눈앞에 그려졌다. 그녀의 진정성 담긴 사과의 말과 마음이, 메마른 전화기를 통해서도 촉촉한 감동으로 전해졌다.

이 고객센터 직원이 근무하는 기업의 경영진은 전혀 알지 못할 것이다. 고객접점에 있는 휴먼 서비스 제공자의 경청과 공감, 그리고 제대로 된 문제해결을 통해 신뢰를 회복하고, 고객만족을 다지겠다는 순수한 책임 의식이 결국 감동과 더불어 긍정적인 고객경험을 이끌어내었으며, 나아가 잃을 뻔했던 고객을 충성고객으로 만들었다는 사실과 그 중요성을! 챗봇이 결코 할 수 없는 일을 사람인 고객센터 직원이 해내고 있다는 것을!

경청의 최종 목적은 고객과의 정서적 관계 수립이다

대다수의 경우 "잘 듣고, 이해하고 공감했으며, 적절한 행동을 취했다"라고 자평하면서 서비스제공자는 자신이 좋은 고객경험을 제공했다고 생각한다. 그러나 경청의 최종 목적지는 고객과의 '지속가능한 감성적 유대감'이다. 경청은 이를 가능하게 해준다. 시간도 초월할 수 있다. 긴 시간 대화를 한다 해도, 마음이 열리고 교감을 이루는 경청이 없다면 결코 공감이 형성될 수 없고, 그런 대화는 비즈니스적 관계로 끝나게 된다. '최상의 고객경험'을 창출하겠다는 열정을 가진 서비스제공자라면 경청이 이루어지는 매 순간을 '진실의 순간'The Moment of Truth으로 만들면서 고객과 감성적 관계를 맺을 수 있는 역량을 지녀야 한다. 이 역량은 서비스제공자의 잘 듣는 귀가 아니라 잘 들을 줄 아는 마음과 영혼에서 나오며, 이는 고객의 마음을 사로잡고 정신적 교감을 형성하는 바탕이 된다.

결론적으로, 최고의 경청자는 상대의 마음과 정신 깊숙한 곳에 숨겨져 있는 생각과 의중을 정확히 파악해내고, 그 과정에서 신뢰와 공감을 이끌어내는 사람이다. 즉, 높은 수준의 경청 능력을 통해 상대의 마음을 얻고, 깊은 감동을 줄 수 있는 공감 커뮤니케이터empathic communicator이다.

05

오감과 직감 능력을 길러라

Develop your five senses and intuition skills

나는 지금껏 살아온 경험을 바탕으로 '인간의 오감과 직감은 타고난 20%에 더해 80%는 길러질 수 있다'고 주장한다.

오늘날의 문명, 과학과 예술은 인간이 가진 오감과 직감에 의해 발전되어왔다고 해도 과언이 아니다. 오감과 직감은 인간을 더욱 인간답게, 또 인간적인 삶을 살 수 있게 해주었다. 감사하게도 우리는 시각을 통해 자연과 예술의 아름다움을 즐길 수 있고, 청각이 있기에 아름다운 음악과 소리를 통해 힐링을 한다. 후각이 없었다면 향수와 아로마가 존재하지 않을 것이고, 미각이 없었다면 인간의 식문화는 오늘날과 같은 발전을 이루지 못했을 것이다. 만일 촉각이 없었다면 서로 손을 잡고 포옹하면서 느끼는 따뜻한 체온이 우리 삶에 얼마나 중요한지 몰랐을 것이다.

인간의 직감은 우리가 더욱 풍요롭고 윤택하며 안전한 삶을 영위할 수 있게 해주었다. 여기서 일일이 열거하지 않아도 동서고금을 막론하고 수많은 위대한 사람들의 직감과 직관 덕분에 오늘날의 어마어마한 문명 이기의 발달과 문화 예술의 발전이 있을 수 있었고, 앞으로도 그럴 것이다.

인간의 오감과 직감은 또한 진정한 휴먼 커넥션의 토대가 되어준다. 인간에게 허락된 값진 오감과 직감의 동아줄로 이어진 휴먼 커넥션은 어떠한 비바람, 폭풍우도 이겨내게 해주고 지속가능 관계를 가능하게 해줄 든든한 버팀목이 되어줄 것이다. 오감과 직감 위에 세워진 휴먼 커넥션은 '기브앤테이크' 가치로 이어진 관계에서는 상상할 수 없는 긍정적인 결과를 창출해낼 수 있기 때문이다. 오감과 직감은 타고나기도 하지만 수많은 경험, 다양한 체험과 관찰, 사고를 통해 얼마든지 길러지고 강화될 수 있다. 우리가 흔히 말하듯이 '고기도 먹어본 사람이 맛을 안다', '아는 만큼 보인다'라는 말이 그냥 나온 말이 아니다.

그렇다면 진정한 휴먼 커넥션 수립에 도움을 줄 오감과 직감을 강화하고, 또 이 감각을 최상의 고객경험 창출에 활용하는 방법을 알아야 한다.

후각 자신의 향기를 만들고, 그 향기가 천 리를 가게 해라

정도의 차이는 있겠지만 우리는 주변의 냄새(향)를 맡고, 그 냄새에 즉각 반응한다. 특별히 민감한 후각을 가진 사람인 경우에는 소량의 불쾌한 냄새에도 눈살을 찌푸리며 얼른 그 자리를 벗어나고, 반면에 강렬하진 않아도 향긋하고 기분 좋은 향에는 코를 가까이 갖다 대면서 더 맡으려 하고, 그 향기에 취해 행복감마저 느낀다.

좋은 향기는 사람의 마음을 끌어당기고, 매혹시키고, 기쁨을 준다. 좋은 향기는 사람의 일그러진 얼굴을 펴지게 하고, 마음을 열게 하고, 그곳에 계속 머물고 싶게 만들지만, 안 좋은 향기는 코와 마음을 닫게 하고, 빨리 그 향기로부터 멀리 벗어나고 싶게 만든다.

서비스제공자는 후자가 아닌 전자의 향을 만들어야 한다. 자신만의 향기로 사람을 끌어당길 수 있어야 한다. 세상에는 갖가지 향이 존재하지만, 향기의 중심에는 발랄하지만 깊이가 있고 성숙하지만 너무 무겁거나 진하지 않은 향, 무엇보다 자기 정체성을 나타내는 향이 자리 잡고 있어야 한다.

사람의 향기 또한 마찬가지다. 경쾌하고 발랄하면서도 성숙함과 품격이 묻어나는 향기, 자연스레 마음을 열게 하고 곁에 계속 머물고 싶게 만드는 향기, 그저 찰나의 아름다움이 아닌 거부하기 힘든 매력을 발산하는 향기. 그와 같은 향기를 지닌 사람에게 누구나 끌리고 취한다.

시각 볼수록 보고 싶고, 계속 보고 싶은 사람이 되어라

'대화할 때 눈을 마주치지 못하는 사람과는 진솔한 대화를 하기 힘들다'는 말에 나도 전적으로 동의한다. 우리의 눈은 마음의 창이다. 그 사람의 눈빛을 통해 생각이나 감정 상태를 파악한다. 눈은 보이는 것을 보지만, 보이지 않는 것조차도 보게 하는 창구 역할도 한다. 진실이 아닌 것을 말할 때 '눈빛이 흔들렸다'고 하는데, 맞는 말이다. 아무리 감추려 해도 눈빛에 드러난 감정은 숨기기 어렵고 감출 수 없다. 또한 사람은 모두 '마음의 눈'을 갖고 있는데, 이 마음의 눈은 상대의 몸과 마음의 세밀한 움직임까지 포착하는 능력을 갖고 있다. 생텍쥐페리의 '어린 왕자와 여우 이야기'에서 나온 대사처럼 때로는 보이지 않는 것이 더 중요한데, 보이지 않는 것을 볼 수 있게 해주는 것이 바로 마음의 눈이다.

말 한 마디 나눈 적이 없고 단지 먼발치에서 가벼운 눈인사만 나눈 사람에 대한 인상을 말해야 할 때가 있다. 그럴 때, 먼 거리에서 불과 몇 초 만의 '눈만남'이었음에도 맞다, 아니다를 떠나 '좋은 사람처럼 보였다'라거나 '별로로 보였다'고 말할 수 있는 근거는 무엇일까? 그것은 우리 마음의 눈이 순간 포착한 것이 뇌로 전달되어 해석된 결과다.

인간의 '마음의 눈'은 짧은 순간의 눈빛과 몸짓을 보는 것만으로도 그 사람의 에너지와 감정을 알아차리는 능력을 갖고 있다. 잠깐 스쳐간 사람에게서도 이런 에너지를 보고 느끼는데, 한 공간에서 직접 대면하고 있는 상대라면 얼마나 많은 생각과 감정을 알아차릴 수 있을

지 충분히 상상할 수 있다. 눈빛과 보디랭귀지로 상대가 내게 호의적인지 아닌지를 알 수 있다. 굳이 말로 표현하지 않아도 상대의 몸짓에서 귀찮아하는 기색이 역력하고 대충 시간만 때우려고 하는지도 간파할 수 있다.

우리는 가끔 아니 자주 상대의 눈에 자신이 어떤 모습으로 비치고 있을까를 생각해봐야 한다. 고객의 눈에 비친 서비스제공자는 '보면 볼수록 더 보고 싶은 사람'이어야 하기 때문이다. 서비스제공자는 해와 같이 화사하고 진실성이 담긴 눈빛을 가져야 한다.

서비스제공자의 눈빛은 사람의 눈과 마음을 사로잡을 수 있어야 한다. 황량한 사막 속에 꼭꼭 숨어 있는 오아시스를 찾을 수 있는 마음의 눈을 길러야 한다. 서비스제공자인 그대는 '긍정과 진정성의 에너지'를 시각화하는 능력을 갖춰야 한다. 기분이 안 좋거나 화가 나 있는 고객조차도 그대를 보면서 상했던 기분이 풀어지고, 화가 가라앉으면서 대화하고 싶은 마음이 들게 해야 한다.

서비스제공자는 속 빈 강정이 아닌 '찐'의 아름다움을 길러야 한다. 서비스제공자가 단정하고 호감이 가는 외모를 갖추는 것은 물론 중요하다. 그러나 겉치장만 그럴싸하게 한 '속 빈 강정'은 찰나의 눈속임으로 고객에게 오히려 실망만 안겨줄 뿐이다. 진정한 프리미엄 고객서비스와 고객경험을 추구한다면 겉치장에 들이는 시간과 비용을 내면의 '찐' 아름다움을 향상시키는 데 투자해야 한다. 평범한 외모임에도 자꾸 눈길이 가는 사람, 눈빛이 살아 춤추는 사람, 보는 즐거움만이 아니라 눈빛으로 나누는 대화의 즐거움도 선사하는 사람, 아무도 찾지 못하는 보물을 찾아내는 눈을 가진 사람, 긍정과 공감을 담은 눈빛으로 큰 기쁨과 감동을 불러일으키는 사람. 그런 아이캐칭eye catching을 하는 사람 곁에 우리는 머물고 싶어한다.

청각 그대 목소리가 음악이 되게 해라

일반적인 상황이라면 매일 접하는 소리 중에 가장 많이 자주 듣는 소리가 사람의 목소리다. 가장 아름다운 악기는 인간의 목소리라고 하듯이, 사람의 소리는 아름다운 음악이 될 수 있지만, 안타깝게도 아주 불쾌한 소음이 되기도 한다.

아름다운 음악을 들을 때 우리는 귀를 활짝 열면서 더 잘 들으려 하고, 들을 수 있는 기쁨에 감사해한다. 반면 소음이라 여겨지는 불쾌한 소리에는 귀를 꽉 막아버린다. 귀를 막아도 들려오는 끔찍한 소음은 머리가 지끈거리고 심장을 두근거리게 만든다. 들어도 더 듣고 싶고, 들을수록 마음의 안정과 평온함을 주는 음악적인 목소리를 가진 사람이 있는 반면, 아무리 좋은 내용을 말해도 소음처럼 들리고 들을수록 뇌를 짓누르며 마음의 문까지 닫아버리게 만드는 목소리를 내는 사람도 있다.

최상의 고객서비스와 고객경험을 전달해야 하는 서비스제공자가 어떤 목소리를 가져야 할지는 명약관화明若觀火하다. 일반적으로 사람들은 긍정의 메시지는 긍정적인 목소리로 전달하는데, 그것은 어린 아이도 할 수 있다. 진정 성숙한 사람이라면 긍정적이지 않은, 고객 입장에서 듣고 싶지 않은 내용이라도 그것을 진솔함이 담긴 목소리와 태도로 전달하면서 고객의 이해를 청한다. 부정적인 내용을 더욱 부정적인 목소리와 말투로 전하면서 '불난 곳에 부채질하는' 미성숙한 사람을 보면 참으로 안타까운 마음이 든다.

지혜로운 서비스제공자는 고객에게 말하기 어렵거나 힘든 내용일수록 언어 선택과 어투에 각별한 주의를 기울인다. 목소리에 신뢰와 존중의 리듬을 담아야 한다. 목소리에서 그대의 진심 어린 영혼이 느껴져야 한다. 영혼 없는 목소리는 어떤 감흥도 불러일으킬 수 없다.

가슴으로 듣는 능력을 길러라

물리적인 청각력을 가진 사람은 '들리는 모든 것을 빠짐없이 잘 듣는다'고 생각한다. 반면에 '들리지 않는 것은 들을 수 없다'고 생각한다. 이들은 아예 들을 노력조차 안 한다. 그러나 귀로 들리지 않고 들을 수 없지만 아주 주의 깊게 듣는다면, 들리고 들을 수 있는 능력을 인간은 갖고 있다. 바로 '가슴으로 듣는 능력'을 갖고 있기 때문이다. 가슴으로 듣는 능력은 물리적인 귀로는 들을 수 없는 내면의 속삭임, 생각과 감정을 들을 수 있다. 가슴으로 듣는 능력은 들려오는 것의 20%뿐만 아니라, 침묵 속에 숨겨진 80%의 소리도 찾고 들을 수 있다. 이 능력을 갖춘 서비스제공자는 고객이 미처 말하지 못한, 말로 표현하지 않은 수많은 메시지를 듣고 이해할 수 있다. 가슴으로 듣는 능력은 진정한 휴먼 커넥션 수립의 중요한 기반이 된다.

그대의 목소리가 사람의 마음과 영혼에 가닿기를 원한다면 그대만이 갖고 있는 악기(목소리)로 그대만의 음악을 만들어내야 한다. 목소리에서 그대의 격과 정이 느껴져야 한다.

미각 **인간의 미각은 맛있는 음식과 더불어 맛있는 휴먼 커넥션을 만든다**

최고의 셰프가 요리한 최고급 스테이크에 와인을 곁들여도 그 맛을 제대로 느끼지 못하게 만드는 사람이 있는가 하면, 라면에 김치만으로도 진정 맛있는 시간을 만들어내는 사람이 있다. 누가 커피를 준비하고 서비스했느냐에 따라 값싼 인스턴트커피가 최고의 커피 맛을 선사하기도 하는 반면, 설사 최고급 원두로 만든 커피라도 최악의 맛을 느끼게도 한다. 독자들도 한 번쯤은 그런 경험을 했으리라. 이는 물리적인 것만이 아닌 정서적 요인 또한 우리의 미각을 결정하기 때문이다.

서비스제공자는 사람이고 사람은 완벽하지 않기 때문에 항상 최고의 상품과 서비스를 만들어내지는 못한다. 특급 호텔의 숙련된 셰프라 할지라도 모든 고객의 입맛을 완벽하게 맞출 수는 없다. 특급 호텔의 경험 많은 서비스제공자라 하더라도 때로는 고객의 입맛을 떨어지게 만드는 서비스를 하기도 한다.

진정한 서비스제공자는 물리적인 요인만이 아닌 정서적인 면으로도 고객의 입맛을 사로잡을 수 있는 능력을 갖춰야 한다. 맛있는 분위기와 그에 걸맞은 스토리텔링을 통해 고객이 단순히 음식만을 위해 방문하는 것이 아니라, 그대가 만든 분위기를 즐기고, 그대의 맛있는 스토리를 듣고 싶어서 찾아오게 해야 한다.

셰프의 손에서 탄생된 맛있는 음식을 한층 더 맛있게 느낄 수 있도록 해주는 그대의 맛있는 분위기 메이킹과 스토리텔링 능력은 고객의 감동을 부르며, 감동한 고객은 그대와 감성적 커넥션을 맺고 싶어 할 것이다.

촉각 짧은 스침에도 좋은 기운을 전해라

인간은 몇 초간의 짧은 접촉만으로도 서로의 물리적인 체온뿐만 아니라 정신적인 체온도 잴 수 있다. 상대방의 체온이 차갑고 냉랭하면 몸이 바로 움츠러들고, 따뜻한 온기가 느껴지면 자연스럽게 몸과 마음이 열린다. 또한 나의 몸과 마음의 체온에 따라 상대의 몸과 마음을 얼어붙게도, 또는 꽁꽁 얼어붙었던 가슴을 녹이면서 무장해제시킬 수도 있다.

악수를 하면서 잡은 상대의 손에서 긍정 에너지를 느끼면 우리는 악수의 주인에게 호감을 느끼기도 하고, 때로는 찰나의 부딪힘에도 강한 부정의 기운을 받으면서 두려움에 사로잡히게 되는 것은 우리 몸과 마음, 정신을 감싸고 있는 촉각이 작동하기 때문이다.

서비스제공자는 악수와 포옹뿐만이 아닌 모든 접촉에서 상대의 기분을 좋게, 닫혔던 마음이 활짝 열리게 만드는 능력을 갖춰야 한다. 자꾸자꾸 손잡고 싶게 만드는 사람, 따스한 마음의 온도가 느껴지는 사람, 짧은 스침에서도 좋은 에너지를 전달하는 사람, 심지어 물리적인 거리를 사이에 두고 있음에도 거부할 수 없는 깊고 강한 긍정의 기운이 흘러 상대를 끌어당기는 매력을 지닌 사람이 굳건한 휴먼 커넥션을 이룰 수 있다.

직감 직감을 믿고 따르는 용기를 가져라

천재 물리학자 알베르트 아인슈타인이 직감에 관해 인터뷰한 글을 읽은 적이 있다. 막연하지만 직감이 떠올랐을 때 일단 그것을 믿은 후 차츰 검증해나가는데, 그 과정에서 자신의 직감이 맞았다는 사실을 깨닫는다고 한 그의 말에 '과학자도 직감을 믿는구나!'란 생각을 하며 놀라워했던 기억이 있다.

직감은 누구에게나 있지만, 모두가 직감을 따르진 않는다. 직감적으로 행동하는 사람은 자기 직감에 대한 믿음을 갖고 있다고 생각하는데, 이 믿음이 큰 차이를 만들어낸다.

텔아비브Tell-Aviv대학 심리학 교수 마리우스 어셔Marius Usher가 인간의 직감은 90%의 적중률을 갖고 있다고 한 주장에 나는 전적으로 동의한다. 그 이유는 직감이 터무니없고 단순한 감感이 아니며, 근거 있는 신뢰할 만한 감이라고 믿기 때문이다. 보이지 않고 만져지지 않는 휴먼 서비스에서, 특히 예기치 못한 위험한 상황이나 고객 컴플레인 발생 시 직감의 위력을 실감할 수 있다.

경험 많은 직원의 직감적 판단과 행동으로 고객 컴플레인이나 안

전사고를 사전에 차단하고 예방한 경우를 현장에서 수없이 목격했다. 직감적으로 행동한 직원에게 "그런 일이 발생할 줄 어떻게 알았느냐?"고 물으면, "그냥 느낌이 왔고, 느낌 따라 행동했을 뿐"이라고 대답했다. 하지만 그 느낌(직감)은 오랜 기간 축적된 다양한 경험과 노하우, 사물과 사람에 대한 관찰과 사유가 무의식 속에 잠들어 있다가 때가 되었을 때 순식간에 깨어나 의식의 세계로 떠오른 결과물이다. 결코 근거 없이 떠오르는 감이 아닌 것이다.

또한 직감은 직감을 부른다. 직감에 충실한 사람의 말을 들어보면 직감은 타고난 것이기보다는 후천적으로 길러진 측면이 강했다. 처음엔 '순간적인 느낌'에 불과했지만, 그 느낌에 반응하면서 계속 따라가다 보니 느낌이 점점 강해졌고, 어느 순간부터는 온몸에 전율을 동반하는 짧지만 강력한 파동을 일으킨다고 했다. 논리적 검증이나 합리적 설명을 제시할 수 없지만, '거부할 수 없는 확실한 감'을 느끼면 일단 믿고 따른다고 했다.

오감과 직감은 얼마나 많이 믿고, 활용하느냐에 따라 길러지고 강화될 수 있다. '생산과 소비의 동시성'이라는 특징을 갖고 있는 서비스 운영에서 인간의 '오감과 직감'은 매우 중요한 역할을 한다. 오감과 직감이 발달한 사람은 탁월한 감성 능력 또한 갖고 있기 때문이다. 기능과 개성이 전혀 다른 이 여섯 감각의 조화로운 작동은 자신과 타인의 감정 상태와 흐름을 온몸으로 느끼고 즉각적이고 순리적으로 반응하게 해준다.

서비스제공자에게 감성 능력의 기반이 되는 오감과 직감은 고객과의 유대감 형성에 강력한 힘을 발휘하는 무기다.

06

DNA로 승부해라

Win by your DNA

"이 세상은 전쟁터다. 우리는 매일 치열한 경쟁 속에서 살아가고 있다." 이 말에 우리가 동의한다면 곧바로 해야 할 것은 무엇인가?

'어떻게 하면 이 전쟁터에서 죽지 않고 살아남을 수 있을까? 이 치열한 경쟁 속에서 어떤 무기로 성장하고, 성공적인 삶을 이룰 수 있을까?' 이에 대한 진지한 고민이 긴요하다.

전쟁이나 첩보 활동을 소재로 한 영화를 보면, 전쟁터에 나가기 전이나 스파이 활동을 시작하기 전에 가장 먼저 하는 일이 무엇인지 알 수 있다. 바로 '지피지기'를 해서 '백전백승'을 꾀하는 계획이다.

전투에서 승전고를 울리길 원한다면 전투에 나서기 전, 적의 준비 태세와 상황을 면밀히 파악함과 동시에, 자신의 상황 또한 냉철한 시각으로 정확하게 알고 있어야 한다. 어떤 무기를 갖고 있는지, 전투 능력이 어느 정도인지를 알아야 전쟁터에서 살아남을 수 있다. 상대는 최신식 무기와 스마트한 전투 역량을 갖추고 있는데, 내 자신은 오래되고 낡은 무기와 구태의연한 전투 방식에 의존하고 있다면 설사 최첨단 무기를 갖게 되더라도 그것을 활용할 능력은 갖추지 못하고 있는 것이므로 전투의 결말은 너무도 뻔할 것이다.

기업경영도 전쟁이다. 너무도 치열한 전투를 해야 하는 불꽃 튀는 전쟁터에서 매일 전쟁을 치르고 있다. 이 전쟁터는 두 개다. 하나는 경쟁사와의 전투지이고, 다른 하나는 고객과의 보이지 않는 전선이다.

고객과의 전투는 참으로 어렵다. 상대를 온전히 살려서 우리(내) 편으로 만들어야만 승전고를 울릴 수 있는 전쟁이기 때문이다. 이 전투를 위해 먼저 지피知彼를 하는 것, 즉 목표 고객을 알고 이해하는 것이 중요하다. 표면에 드러나 있는 고객 니즈와 기대는 물론, 감춰져 있는 것까지 면밀하고 상세히 파악해야 한다. 하지만 더욱 중요한 것은 지기知己다. 상대를 제압해서 완전히 항복하게 만들려면 전투에 적합한 무기, 뛰어난 전략과 전술을 갖춰야 한다.

상황을 막론하고, 상대가 내 말에 설득당하고, 수용하고, 신뢰를 쌓고, 견고한 신뢰를 바탕으로 상호 간에 깊은 유대감을 형성하는 과정은 결코 쉽지 않다. 이 모든 과정에서 반드시 필요한 것은 상대가 내

쪽으로 넘어오게 만드는, 오직 나만이 갖고 있고 다룰 수 있는 특별한 무기다.

사실 사람이라면 누구나 자신만의 무기를 내면에 갖고 있다. 우리 내면 깊숙이 존재하면서 발견되기를 학수고대하고 있는 이 무기는 바로 DNA다. DNA는 자신만이 갖고 활용할 수 있는 가장 강력한 무기다. 이 무기가 어떤 종류인지, 어떻게 갈고닦아야 할지, 어느 전투에서 어떻게 활용해야 할지를 파악하는 것이 상대(고객)를 제압하고(마음을 얻고), 고객이 항복하게(충성고객을 확보) 할 수 있는 길이다.

tip

자신만의 무기(DNA) 개발하기

자신의 DNA에 들어 있는 강점과 약점을 파악한다

무기나 덫이 될 만한 성향, 능력, 관심사 등을 상세히 기록하고 분석한다. 주기적으로 해라.

기록한 내용을 세 그룹(강점 A/강점 B/약점 그룹)으로 나눈다

❶ 강점 A 그룹 다른 사람에게서는 거의 찾아보기 힘든 강점, 자신이

매우 특출하게 잘한다고 생각하는 내용을 포함한다.

(ex: 좋아하는 일을 끝내기 위해서는 밥도 잊고 잠도 잊는다. 손으로 만드는 일을 할 때 시간 가는 줄 모른다. 남다른 눈빛과 미소로 얼었던 마음을 녹일 수 있다. 만난 지 몇십 분 이내에 대화 상대와 유대감을 형성할 수 있다. 생각과 의견이 다른 사람과도 열린 대화를 이끌고 인간적인 신뢰를 쌓을 수 있다. 남이 지켜보든 보지 않든 상관없이 올바른 일을 올바른 방식으로 하려고 최선을 다한다. 다른 사람의 비밀을 철저히 지켜준다. 어떤 상황에서든 긍정적인 마인드를 잃지 않는다.)

❷ 강점 B 그룹 특별하지는 않지만, 잘한다고 생각되는 점을 포함한다.

(ex: 어떤 자리에서든지 자신의 의견을 당당히 제시한다. 잘못한 것을 깨달으면 바로 솔직히 시인한다. 남의 눈치를 보면서 행동하지 않는다. 동료로부터 대인관계가 좋다는 말을 듣는다. 주위 사람들이 센스가 있다고 칭찬한다. 맡은 일은 책임감을 갖고 끝까지 해낸다. 어려운 자리에서도 주눅 들지 않는다. 언변이 좋다. 인상이 좋다는 말을 듣는다.)

❸ 약점 그룹 약점과 부족한 점을 적는다. 자신이 갖고 있지 못하거나 갖기 힘든 무기를 파악하는 것이 중요하다. 개발할 수 있는 것인지, 또는 절대 가질 수 없는 무기인지를 알아야 그에 대한 대처를 적절히 할 수 있고 대체 무기를 개발할 수 있기 때문이다.

(ex: 약속 시간에 자주 늦는다. 윗사람 앞에서는 무의식중에 손과 다리를 심하게 떤다. 대중 앞에 서는 것을 두려워한다. 사람들이 많은 데 가면 불편하다. 싫은 사람과

는 차 한 잔도 마시기 싫다. 하루 종일 컴퓨터 앞에 앉아서 일하는 것은 생각만으로도 끔찍하다. 감정을 못 속여서 얼굴이나 온몸에 그대로 드러난다. 화가 나면 목소리가 유난히 커진다. 글자 읽는 것이 싫다.)

강점 A & B 강화하기

매일 기록한 내용을 읽고 마음에 새겨라. 각각의 내용을 시각화하면서 자신의 업무에 어떻게 접목하여 업무 성과를 높이는 데 활용할지 고민해라.

강점 A & B 실천하기

'일=노동'이라는 전통적 관점을 버려야 한다. 그대의 업무 및 포지션은 돈을 버는 일터이지만, 동시에 돈을 받으면서 매일 학습하고 실습할 수 있는 배움터이기도 하다. 일을 한다는 것은 급여를 받으면서 실제적, 직접적 업무 경험을 쌓고 배운 내용을 실전에서 연습하는 기회를 갖는 것이다. 이 기회를 이용해서 그대만의 독보적인 무기가 되어줄 장점을 매일 매 순간 업무에 접목하여 활용하고자 노력한다면, 이 장점들은 점점 더 견고하게 성장하면서 다른 어떤 무기와도 견줄 수 없는 그대만의 고유한 무기가 될 것이다. 이런 과정을 거치면서 강점 A는 독보적인 강점이 되고, 강점 B는 평균을 훨씬 뛰어넘는 수준으로 강화된다.

강점 A & B로 내 편 만들기

독보적인 강점 A와 높은 수준의 강점 B, 이 무기들로 상대(고객)를 압도하고 신뢰를 얻고 내 편으로 만드는 데 적극 활용해야 한다. 그대의 강점이 현장(고객접점)에서 빛을 발하고, 상대(고객)가 그것을 여실히 보고 느끼고 가슴으로 받아들이게 해라.

매일 매 순간 실천하고 그 내용을 기록해라. 나만의 무기로 매일 몇 명의 고객을 매혹했는지 기록하면서 그대의 '작은 성공 스토리'를 만들어나가라. 큰 성공 스토리는 어느 날 느닷없이 나타나지 않는다. 많은 작은 성공 스토리가 모이고 모여서 커진 것이다. 티끌이 모여 태산이 되듯이.

부족한 점이 덫이 되지 않게 하기

어느 누구도 장점만을(모든 무기를) 다 갖추고 있지 않다. 누구나 걸림돌이 될 수 있는 약점이나 단점을 갖고 있다. 그러나 이것 때문에 주눅 들 필요가 전혀 없다. 중요한 것은, 그대의 약점과 부족한 점이 무엇인지를 정확히 알고 있어야 한다는 점이다. 그리고 이것이 그대의 전투에서 발목을 잡는 덫이 되지 않게 해야 한다는 것이다.

약점을 강점으로 만드는 일은 사실 거의 불가능하다. 평균 수준으로 끌어올리는 데도 엄청난 노력이 필요하다. 그래서 약점을 강점으로 만들지는 못해도 최선을 다해 평균 정도로 끌어올리고, 그것이 가능하지 않다면 적어도 그대의 앞길을 막는 장애물이 되지는 않도록 의식적으로 관리해야 한다.

기업이든 개인이든 우리 모두는 ‘경쟁’이라는 전쟁터에서 나름의 전투를 하고 있다. 고객과 전투를 할 수도 있고, 다른 경쟁사와 전투를 벌여야 할 때도 있다. 전투에서의 승리를 위해 각자의 목표 고객을 철저히 분석하고 타 경쟁사의 전략을 파악하는 것이 중요하다.

하지만 더욱 중요한 것은, 그대가 전투에 나설 준비가 되어 있는가다. 전쟁터에서 제대로 싸워보지도 못한 채 허무한 죽음을 당해서는 안 된다. 그러기 위해서는 그대만의 독보적인 무기가 절대적으로 필요하다. 바로 그대의 DNA에 녹아 있는 강점을 무기로 만드는 것이다.

비록 눈에 보이지는 않지만 엄청난 화력(잠재력)을 갖춘 그대만의 무기는 그대에게 무한한 자신감과 용기를 갖게 해줄 원동력이다. 오직 그대만이 갖고 있는 고유의 무기는 그대로 하여금 ‘고객서비스’라는 험난한 전투에 담대하고 당당한 모습으로 나설 수 있게 해주고, 마침내 고객의 마음과 신뢰를 전리품으로 얻는 멋진 결과를 이루게 해줄 것이다.

07

만족과 감동은 다르다

Satisfaction and excitement are different

만족과 감동의 차이를 정확히 알아야 한다!

스페인의 경제학자 리처드 노먼Richard Norman 교수에 의해 처음 소개된 개념인 '진실의 순간'The Moment of Truth에 대해 잠시 생각해보자. '진실의 순간'은 어떤 일이 일어나거나 행해지는 과정에서 최종 결과를 좌지우지하는 '결정적인 한 순간'을 의미한다. 많은 기업에서 이 개념을 마케팅 경영에 도입했는데, 고객이 기업의 상품이나 브랜드를 접하면서 받는 긍정적인 첫인상, 느낌, 감정이 형성되는 순간The Moment의 중요성을 토대로 한 것이다.

호스피탤러티·서비스 기업에서는 직원이 고객접점에서 고객의 마음을 사로잡아야 할 '단 몇 초의 순간'을 의미한다. 그러나 단순히 '진실의 순간'을 만들어냈다고 해서 고객이 지속적으로 감동하고, 이것이 긍정적인 고객경험으로 계속 이어지는 것은 아니다. 중요한 것은 누구에게나 일어날 수 있는 진실의 순간을 포착하고, 이 순간을 진정한 진실의 순간으로 실현할 수 있느냐다. 진실의 순간을 정확히 포착하고 그것을 실현시키는 능력의 여부가 고객만족을 넘어 고객감동을 만들어낼 수 있는지를 판가름한다.

인간의 감정은 참으로 섬세하고 민감하다. 작은 일로도 큰 상처를 입을 정도로 연약한 것이 '감정'이다. 감정은 별것 아닌 일로도 화가 치밀어오르게 한다. 한편, 아주 사소한 일이 감정에 긍정적으로 작용하면서 큰 기쁨을 유발하기도 한다. 찰나에 스쳐 지나는 얕은 감정도 있지만, 평생 기억될 깊은 감정도 있는데, 이것이 우리가 말하는 '감동'이다. 그리고 이 '감동'이라는 감정은 굳이 말로 표현하지 않아도 서로에게 전달되고, 말로 형언하기 어려운 놀라운 느낌(기쁨, 환희, 보람, 가치)을 형성한다.

고객과 소통하는 매 순간을 특별한 순간, 간직하고 싶은 시간으로 만들려면 고객의 감정 흐름에 민감해야 한다. 고객과 서비스제공자 모두에게 시간은 금이다. 그래서 순간순간을 유일하고, 자꾸 되새기고 싶고, 절대 잊을 수 없는 행복과 기쁨으로 기억되는 시간으로 만들어야 한다.

그 시간을 만들어내기 위해 서비스제공자가 최우선적으로 신경 써야 할 점은 고객의 감정이 어느 방향으로 어떻게 움직이는가를 파악하는 것이다. 감동을 주는 특별한 순간은 우연히 만들어지지 않는다. 한 사람의 감정이 다른 사람의 감정에 온전히 이입되고, 서로 깊은 교감과 공감을 나누는 과정이 반드시 필요하다. 그런데 이 과정은 쉽게 일어나지 않는다. 고객은 일반적으로 자신이 지불한 100의 가치에 대해 동일한 100이 아니라, 110이나 120의 가치로 되돌아올 때 100의 만족감을 느낀다. 경영진과 서비스제공자 입장에서는 억울하겠지만, 이것이 고객의 심리임을 고객서비스 현장에서 수없이 경험했다.

인간은 논리적이고 합리적인 판단을 잘 하지 못한다. 특히 고객의 위치에 서면 더욱 그렇다. 특별한 경우를 제외하고는 이성보다는 감정(감성)의 지배를 훨씬 더 받게 된다. 이 관점에서 보면, 120 또는 130의 서비스 수준으로는 결코 진정한 고객감동을 이끌어낼 수 없다. 단지 고객의 만족감만 좀 더 커졌을 뿐이다.

그렇다면, 이런 질문을 던질 수 있을 것이다.

"어떻게 만족을 넘어 감동을 일으킬 수 있을까?"

"어떤 상황이나 행동이 영원히 잊지 못할 감동으로 남는 걸까?"

이 질문에 대한 답을 나는 이렇게 제시하겠다.

"전혀 기대하지 못했던 것으로부터 '감동'의 파도가 밀려온다."

감동은 '기브앤테이크'의 논리에서 벗어나 있다. 만족감은 '내가 하나를 줄 테니 너는 적어도 하나 또는 그 이상을 돌려줘야 한다'는 가치 기반 위에 서 있다. 그러나 감동은 거래 가치 개념과는 전혀 다른 개념이다. '감동'은 값으로 매길 수 없고, 그래서 셀 수 없는 무한 가치를 갖고 있다. 만족감은 기대감 대비로 크기가 형성되는 반면, 감동은 기대하지 않았거나 기대하지 못했던 일이 자신에게 일어났을 때 형성되는 감정이다. 크기를 가늠할 수 없는 놀라운 기쁨과 환희를 선사한다. 때로는 평생의 기억으로 남아 삶에 큰 의미와 가치를 선사하기도 한다. **가장 멋진 일은, '감동'은 받은 사람과 전해준 사람 모두 진정한 행복과 감사를 느끼고, 둘 사이에는 굳건한 휴먼 커넥션이 맺어진다는 것이다.**

#K표 김치전이 전한 감동 K는 내성적이어서 고객들에게 적극적으로 다가가지 못하는 성격이지만, 고객의 표정이나 감정을 아주 잘 읽는 장점을 갖고 있다. 호텔 내 VIP 라운지인 EFL에서 근무하는 K는 그날도 오후 근무로 출근을 하고, 늦가을 비가 큰 통창 위로 흘러내리는 것을 바라보면서 라운지 정리를 하고 있었다. 비즈니스 고객들이 주를 이루는 호텔이기에 오후에는 라운지가 한가한 편이다. 그녀는 여유 있는 시간에 VIP 리스트를 정리하고 GSO Guest Service Agent와 버틀러 Butler들을 위한 업무 표준서를 재검검해야겠다고 생각하고 있었다.

그러던 차에 ○○○고객이 라운지로 들어서면서 "참 이상하지! 오늘처럼 스산하게 비 오는 날은 어머니가 끓여주시던 된장찌개와

빈대떡 생각이 유난히 더 나니 말이야!"라고 혼잣말을 하는 것을 들었다. ○○○ 고객은 대학 때 미국으로 유학을 가 그곳에 정착해 30년 이상 살고 있는데, 회사 업무차 가끔씩 한국에 들어오시면 서울 체류 때마다 K가 근무하는 호텔에 투숙했다. 한번 오면 1~2주 정도 투숙하는데 워낙 빠듯한 업무 일정 탓에 라운지에서 여유롭게 시간을 보낸 경우는 거의 없었다.

목례로 ○○○ 고객을 맞이한 K는 "이런 날에는 김치전에 막걸리 한 잔이 딱인데…"라고 혼잣말을 이어가는 고객의 목소리 톤과 표정에서 '어린 시절의 향수와 어머니에 대한 진한 그리움'을 읽었다. 차 한 잔을 마신 뒤 객실로 돌아가는 고객의 뒷모습을 보면서 K는 애잔한 마음이 들었다.

K는 센티멘털해지는 마음을 추스르며 곧바로 호텔 내 메인키친Main kitchen으로 내려갔다. 마침 브레이크 타임이라 한가했기 때문에 당직 셰프의 도움을 받아 김치전 몇 장을 부칠 수 있었다. 김이 모락모락 나는 김치전과 따뜻한 녹차(막걸리가 없었기에)를 트레이에 담아서 고객 객실로 갔다. 객실 문이 열리고 K는 김치전을 고객 앞에 조심스레 내밀며 말했다.

"제가 급하게 만든 거라 맛은 보장 못 하지만, 저의 정성을 양념으로 넣었으니, 맛있게 드세요!"

'먹고 싶다. 하지만 먹을 수 없겠구나'라고 생각한 지 불과 한 시간도 지나지 않았는데, 그 상상 속의 김치전이 자기 눈앞에 실제로 놓인 것을 본 고객의 눈시울이 붉게 물들었고, 말을 잇지 못했다.

이 김치전 사건(?) 이후 ○○○고객은 한국에 더 이상 나올 필요가 없어졌을 때까지 K가 근무하는 호텔에 묵었다. 그리고 만나는 모든 사람들을 붙잡고 'K표 김치전'에 대해 이야기했다. 호텔 투숙 중 전혀 기대할 수 없고, 기대해서도 안 된다고 여겼던 '값진 선물'을 받았다고 했다.

세상에 단 하나밖에 없는 그 선물에 얼마나 감동했는지를 전하는 그의 얼굴 표정은 한없이 행복해 보였다. K 또한 '김치전'을 통해 큰 깨달음을 얻었다. 사람에게 감동을 주는 일은 반드시 큰돈이 필요하거나 많은 시간이 걸리는 게 아니라는 것을!

#S표 다림질 그날은 호텔 전체가 소위 '뺑이치는 날'이었다. 호텔은 만실이고 특히 VIP 투숙객이 많아서 전 부서가 객실 정비와 준비, 고객 영접과 환송 등으로 이리 뛰고 저리 뛰고 있었다. 특히 애프터눈 시프트Afternoon shift 근무자들이 정신없이 움직이고 있을 때였다.

오후에 체크인 예정인 VIP 명단을 보면서 객실 배정에 여념이 없던 S는 요란스레 울리는 전화를 받았다. 전화기 너머로 다짜고짜 고함을 치는 목소리가 들려왔다. 고객이 화난 이유는 그날 저녁에 예정된 중요한 비즈니스 미팅에 입고 나갈 와이셔츠의 다림질이 필요해서 한 시간 전부터 하우스키핑과 프런트데스크에 수차례 전화를 걸어 요청했지만 아무도 픽업하러 오지 않았기 때문이었다.

이제는 어느 쪽도 전화조차 받지 않는다면서 고객은 목소리를 높였다. 30분 후에 호텔에서 출발해야 하는데, 만일 미팅에 제시간에 참석하지 못하게 되면 서비스 지연에 대한 손해배상을 호텔에 청구할 거라면서 으름장을 놓았다. 호텔의 모든 상황을 파악하고 있던 S는 하우스키핑과 세탁실도 고객 요청을 받기는 했지만 다른 더 급한 업무를 소화하느라 픽업할 직원을 보내지 못하고 있는 상황임을 간파했다.

그녀는 고객에게 즉시 와이셔츠를 수거할 테니 잠시만 기다려 달라고 정중히 요청한 뒤 곧바로 고객 객실로 뛰어 올라갔다. 화가 머리끝까지 난 고객은 자신의 와이셔츠를 거의 집어 던지다시피 했다. K는 와이셔츠를 들고 지하에 있는 세탁실로 뛰어 내려갔다. 예상대로 세탁실은 정신없이 바쁘게 돌아가고 있었다. 아이어닝 어텐던트Ironing Attendant에게 다가가 다림질을 먼저 해줄 수 있는지 물어보니, 더 급한 요청이 많아 순서대로 해야 하니 놓고 가라고 했다.

S는 순간 고객의 얼굴을 떠올리며 와이셔츠를 들고 비어 있는 다림질대로 갔다. 그리고 자신이 할 수 있는 최선을 다해 와이셔츠를 정성껏 다렸다. 다려진 와이셔츠를 옷걸이에 건 후 객실로 뛰어 올라갔다. 조바심을 내고 있던 고객이 문을 확 열어젖혔다. 화가 덜 풀린 듯 얼굴이 상기되어 있는 고객에게 S는 조심스레 와이셔츠를 건넸다. 그리고 호흡을 가다듬으며 진솔한 표정과 목소리로 말했다.

"○○○님, 아마추어인 제가 다려서 프로가 다린 것처럼 매끈하지는 않지만, 급한 대로 입으실 정도는 될 겁니다. 프로다운 기술은 없지만, 저의 정성을 다해 다린 것이니 이 와이셔츠를 입으시고 오늘 미팅에서 좋은 결과 얻으시길 바랍니다."

그렇게 말씀드린 뒤 라운지로 돌아왔다. 다음 날, 이 고객은 라운지에 있는 S를 직접 찾아와 깊은 감사를 전했다. 고객은 또한 다음과 같은 칭찬의 글을 호텔 경영진에 보냈다.

'GSA로서 세탁실 업무가 자신과는 무관한 일임에도 고객은 물론 타 부서와 동료들의 입장과 상황을 충분히 이해하고, 적극적으로 나서서 난처한 상황을 해결하는 모습에 진정 감동받았습니다. 와이셔츠에 담긴 S의 좋은 기운 덕분이었는지 어제 미팅에서 긍정적인 결과를 얻었습니다. 기대 이상의 서비스를 통해 고객은 물론 동료에게까지도 감동을 전하는 S와 같은 직원이 있는 귀 호텔은 정말 행운입니다!'

아울러 자신이 받은 감동을 주변 사람들에게 입이 마르도록 전했다.

이렇듯 **'만족을 넘어선 감동'을 불러일으키는 것은 서비스제공자로서 '당연히 해야 하는 일을 하는 것을 넘어선 그 무엇'이다.**

한 가지 흥미로운 점이 있다. 만족을 느낀 고객은 지불한 돈에 대한 응당한 서비스를 받은 것이라고 생각하지만, 감동을 받은 고객은 자신이 지불한 돈과는 별개로 여긴다는 것이다. 자신이 지불한 금액보다 훨씬 큰 '무엇'을 받았으며, 그것은 고객에게 '마음의 빚'이 되고, 그 마음의 빚을 갚기 위해 노력해야 한다고 생각한다. 그리고 이 노력이 서비스제공자와 지속적인 관계를 이어가게 한다. 실제로 많은 고객이 감동을 전해준 서비스제공자에게 이렇게 말한다.

"내 가족보다 더 내게 관심 가져주고 굳이 말하지 않아도 알아서 챙겨주는 그대들 마음에 내가 어떻게 보답해야 하지?!"라고.

08

+1%의 차이는 크다

+1% is huge

"하우스키핑 오더 테이커 잡order taker job이고, 5개월 계약직입니다. 5개월 후에는 계약이 종료됩니다. 재계약 가능성은 전혀 없으니 괜히 헛된 희망은 본인을 위해서도 갖지 않는 것이 좋을 겁니다. 이에 동의한다면, 여기 계약서에 서명하세요!"

호텔에 첫발을 들여놓기 며칠 전 계약서를 받으면서, 아니 그 훨씬 전, 인사부 직원이 면접 의사가 있는지를 물어왔던 순간부터 귀에 못이 박히도록 들은 말, "5개월 계약직"이었다.

국내에서 나의 호텔리어 삶은 그렇게 5개월 계약직으로 시작됐다.

비록 산업은 달랐지만 사무직으로 일한 경력, 나이, 외국어 구사 능력, 해외에서의 호텔관광경영학 공부와 근무 경력은 어디에도 설 자리가 없었다. 결혼해서 아이까지 있고 30대 중반에 들어선 지극히 평범한 아줌마를 5개월 계약직으로나마 써주는 것에 오히려 고마워해야 하는 현실이었던 것이다.

사실 당시 내가 처한 상황은 절망적이었다. 글리옹GLION을 졸업한 후 귀국해서 수개월을 구직하는 데 보냈지만 전혀 길이 보이지 않았다. 입사를 원했던 호텔에서는, 보낸 이력서를 검토해보기는 한 건지 아니면 그냥 폐기해버렸는지 아예 연락조차 없었다.

가족과 친구, 지인들 모두 이구동성으로 헛된 꿈을 버리고 현실적으로 생각하라고 조언했다. 경력도 있고 하니, 적당한 외국투자기업에 하루빨리 들어가서 딸아이하고 살아갈 궁리를 하는 것이 현실적이지 않겠냐고 했다. 그런 상황에 처해 있던 내게 오더 테이커 포지션은 반드시 잡아야만 했던 생명의 지푸라기였다. 굵은 동아줄은 고사하고, 실낱같은 지푸라기라도 움켜잡아야만 절망의 늪에서 빠져나올 수 있을 거라 생각했다.

그래서 5개월 계약직의 계약서에 담담히 서명을 했다. 새벽 버스에 몸을 싣고 첫 출근을 하는 날, 11월의 서늘하고 캄캄한 새벽하늘을 바라보며 나는 다짐했다.

'떠날 날은 내가 결정할 것이다. 회사로부터, 계약이 종료되었으니 이제 그만 나가달라는 말은 절대 듣지 않겠다!'

그날부터 나는 오로지 '어떻게 해야 살아남을 수 있을까?'를 생각했다. 그리고 "너 자신을 알라"고 한 소크라테스의 말을 되새기면서 내가 어떤 사람이고, 잘하고 못하는 점이 무엇인지를 돌아봤다. 강점은 강화하고 부족한 점은 채워가면서 맡은 업무를 제대로 해내는 것은 기본이고, 그 이상을 보여줘야 살길이 열릴 거라 생각했다.

스스로를 돌아보는 과정을 통해 내가 처한 현실적이고 객관적인 상황을 명확히 깨달을 수 있었다. 내성적인 성격에 사교성이 부족하고, 누가 시키지 않는 한 먼저 말을 건네는 적이 거의 없고, 살갑지 못하고, 매사 곧이곧대로인 나의 성격이 서비스 직원에게 요구되는 성향과 맞지 않다는 생각이 들었다. 또한 호텔 내에는 울타리나 바람막이가 되어줄 친구나 지인이 한 명도 없었다. 이런 성격, 상황 그리고 최악의 외적 조건(호텔 근무 경험이 전혀 없는 30대 중반에 초등학생 딸을 둔 결혼한 여자)을 감안한다면, 비록 5개월 계약직이라 하더라도, 당시 국내 최고의 호텔에 입사한 것은 큰 행운이었다는 걸 깨달은 것이다.

내게 주어진 이 행운을 5개월에 그치게 할 수는 없다고 생각했다. 만일 행운이 내게 찾아오지 않는다면 내 스스로 그것을 만들어가겠노라 다짐했다.

출근 첫날부터 '살아남는 방법'에 대해 고민하면서 처음으로 '다름 만들기'Making a difference를 떠올렸다. 그 당시에는 '대중적이고 보편적인 게 좋은 것이다', '튀는 행동은 하지 마라'가 지배적인 가치였다. 주변 사람들처럼 똑같이 생각하고 말하고 행동해야 좋은 사람이고,

회사와 팀에 필요한 사람이었다. 선배들은 신입 직원에게 너무 못해도 안 되지만, 너무 잘할 필요도 없다고 했고, 나서거나 튀지 말라고 했다. 끝에는 꼭 이 말을 덧붙였다. 그렇게 죽자고 뛰어봤자 정직원 되기는 하늘에 별 따기일 거고, 월급을 더 받을 수 있는 것도 아니라는 말이었다. 이런 말에 감히 대꾸는 못했지만 나는 동의하지 않았다. '남달라야 한다', '남들이 하는 만큼만 해서는 결코 살아남을 수 없다'는 생각을 했다. 긍정적 차이를 만드는 것이 스스로를 살리고, 팀을 살리는 길이라고 믿었다. 다른 사람과의 '차이'를 만들어내는 것이 고객과 회사가 나를 필요로 하게 만드는 길이며, 그 길만이 내가 살길이라는 확신이 들었다.

5개월 이후에도 계속 살아남을 수 있는 유일한 길은 고객과 동료 모두에게 필요한, 함께 일하고 싶어 하는 '전무후무한 오더 테이커'가 되는 길이라고 믿는 순간부터 나의 목표는 **'+1%라도 남다르게 하자'**였다.

하우스키핑 사무실에서 함께 근무하는 선배가 오더 테이커의 역할과 직무에 대해 알려준 내용을 이해하고, 기본적인 업무 절차나 스탠더드를 습득하는 것은 물론, 매일 +1%의 다름을 만들어내는 방법을 고심했다.

'어떻게 해야 고객과 동료들이 내 이름을 알고 싶게 만들까? 내 이름을 기억하고 나를 다시 찾게 만드는 방법은 무엇일까?'

그리고 다음과 같이 전략과 액션플랜을 세우고 실행했다.

tip

전무후무한 오더 테이커 되기

객실 파악

오더 테이커가 주로 받는 요청은 객실이나 객실 관리와 관련된 것이므로 객실 타입에 따른 구조와 가구 및 시설의 배치, 미니바, 객실용품과 냉난방 시스템 등에 대한 이해가 필요했다. 그래서 나는 매일 근무 시작 전과 후에 플로어 슈퍼바이저Floor Supervisor : 객실 관리 감독자를 따라다니며 객실에 대한 공부를 했다.

600개가 넘는 객실의 층별 객실 수, 객실 타입과 객실 타입에 따른 베드 타입, 가구의 종류, 배치와 객실용품의 종류, 셋업 위치 등을 모두 다 외우기는 쉽지 않았다. 그래서 A4용지 반절 크기에 용수철이 달린 노트를 구입하고, 층별 객실 타입에 따른 내부 모양과 배치 등을 그림으로 그렸다. 객실 그림 노트를 수시로 들여다보며 머릿속에 입력했고, 객실 관리에 대한 지식과 노하우를 배우기 위해 매일 2~3시간을 추가 근무에 할애했다.

부모님으로부터 "자기 자리에서 기본을 알고 지키는 것이 무엇보다 중요하다"는 말을 늘 들으며 자랐던 나는 객실관리부의 오더 테이커로 근무하는 한 기본 지식을 갖추는 데 최선을 다하는 것이 당연하다고 생각했는데, 나의 그런 모습을 지켜보던 고객과 동료들의 입에서 "케이트는 좀 다르네!"라는 말이 나오기 시작했다.

FAQ 노트 작성

선배의 도움을 받아 자주 받는 고객 요청이나 문의 사항을 리스트업하고, 각 질문에 대한 예상 답변을 준비했다. 한국어만이 아니라 영어, 일어와 불어로도 작성했다. 당시 호텔 투숙객 대다수가 외국인이었기에 오더 테이커에게는 영어 답변 능력이 필수였다. 영어와 더불어 불어와 일어를 구사할 수 있었던 나는 일어와 불어로 된 FAQ도 준비했다. 100개 정도의 Q&A를 4개 국어로 작성해서 출퇴근 버스 안에서 외웠다. '이것이 나의 생명줄이다!'라는 절실함 때문이었는지 노트를 손에서 놓지 않고 끊임없이 들여다보며 외우는 일이 한없이 즐거웠다.

이런 노력 덕분인지 나는 차츰 고객과 동료로부터의 어떤 요청이나 문의에도 지체 없이 답변할 수 있게 되었고, 사람들은 내게 "한 달밖에 안 됐는데 마치 10년 이상 근무한 오더 테이커 같다"란 칭찬을 해주었다.

오더 테이커 역할의 본질 파악

얼굴을 보면서 응대하는 일과 달리 전화를 통한 고객 응대 업무는 어렵다. 상대의 표정이나 보디랭귀지를 볼 수 없기 때문에 고객의 생각이나 의도를 파악하기가 매우 힘들고, 직원도 자신의 입장이나 상황을 고객에게 온전히 전달하기가 쉽지 않다.

그래서 전화 응대 업무에서는 목소리 자체와 사용하는 언어와 어투는 물론 목소리 톤과 높낮이, 악센트 등에 민감해야 한다. 또한 상대가 마치 눈앞에 있는 듯 눈을 맞추고, 몸가짐과 표정을 각 상황에 맞게 가져야 한다.

오더 테이커 업무는 오더를 받고 그 요청을 관련 부서나 담당자에게 전달하는 일인데, 그것은 표면적인 업무다. 사실 오더 테이커의 가장 중요한 역할은 전화를 건 고객에게 '이 직원이라면 확실하게 처리해주겠구나!'라는 믿음과 평안을 주는 것이다. 이것을 주는 방법은 단 두 가지, '신뢰가 가는 목소리'와 '신뢰를 얻는 실행'뿐이다.

모든 통화에 영혼을 담다

전화 받는 일을 못 할 사람은 아무도 없다. 그러나 '기억에 남는, 인상적인 전화 받기'는 누구나 할 수 있는 일이 아니다. 전화 응대 서비스 직원에게 전화를 받고 전화로 업무 대화를 하는 일은 기본 중의 기본이다. 그러나 나는 오더 테이커의 가장 기본적이고 단순한 업무인 '전화 받기'이지만 어떻게 '남다르게 받을까'를 진지하게 고민했다.

우선, 전화벨이 울리기 전부터 전화벨 소리를 기다려야 한다. 전화벨이 울리는 순간, 온 관심이 전화벨 소리에 쏠려야 한다. 벨 소리를 들으면서 어떤 고객이 전화를 걸고 있는지 온몸으로 느껴야 한다. 이

때 오감과 직감의 활발한 작동이 매우 중요하다.

먼저, 호흡을 잘 가다듬은 다음, 수화기를 든다. 그리고 자신이 낼 수 있는 가장 아름다운 (목)소리에 밝은 마음을 담아 답한다. 인사말로 외운 대사를 상투적이거나 로봇처럼 메마른 목소리로 읊는 것은 절대 안 된다. 상대의 목소리를 들으면서, 전화 건 고객이 선호할 언어가 무엇인지를 파악해야 한다. 이것은 목소리에서 전해지는 주저함이나 말에 섞인 악센트에서 알아차릴 수 있다. 이를 재빨리 파악한 뒤 영어를 하는 프랑스인이나 서툰 한국어나 영어를 하는 일본인 고객에게 자신의 모국어로 대화가 가능하다고 알려주면 고객은 기쁨을 감추지 못한다. 자신의 요구 사항을 편안한 마음으로 거침없이 전달할 수 있기 때문이다.

통화 시작 전부터 종료 후까지의 모든 순간에 상대의 목소리와 말투에 관심을 두고 표정과 몸짓, 생각과 기분을 읽을 수 있어야 한다. 그리고 상대에 따라 나의 목소리 톤과 단어를 선정하고, 표정과 태도를 갖춰야 한다.

낮은 소리로 천천히 말하는 상대에게 속사포 같은 말투나 하이톤의 목소리는 금물이다. 기분 좋은 하이톤의 목소리라면 나도 적당한 하이톤의 밝은 목소리와 표정으로 응대한다. 뭔가 기분이 상한 목소리에는 진중한 목소리, 공감 어린 눈빛과 마음으로 답한다. 자신감이 떨어지는 목소리에는 격려를 담은 중간 톤의 목소리와 표정으로 답한다. 뭔가 급한 도움이 필요한 목소리에는 약간 속도감이 있고, 신뢰감과 안정감을 담은 목소리로 답한다.

전화를 끊는 순간까지 수화기 너머에 있는 상대가 '내 말을 온 마음으로 듣고 있구나'라는 느낌을 갖게 한다. 미처 내 이름을 밝히기도 전에, 기분 좋은 목소리로 "그대의 이름을 알고 싶군요"라고 말하게 해야 한다. 고객이든 동료든 모든 사람은 신뢰가 가고 존중심을 부르는 사람을 좋아하고 찾는다. 프로페셔널 라이프에서는 더더욱!

'딜리버러'가 아닌 '액터' Not a deliverer, but an actor

오더 테이커의 역할은 고객 요청 사항을 관련 부서에 전달하는 것이지, 요청받은 일을 직접 실행하는 것은 아니다. 근무를 시작한 지 얼마 지나지 않아 나는 이 시스템의 문제점을 발견했다. 단지 '전달자' 역할만 하다 보니 고객 컴플레인이나 타 부서와의 갈등 발생을 사전에 막지 못하는 것이었다.

오더 테이커는 고객 요청 사항을 관련 부서에 전달했지만, 부서에서 바쁘거나 때로는 깜박 잊고서 제시간에 서비스가 제공되지 못하는 경우가 발생했다. 이런 문제가 자주 일어나는 것을 알게 된 나는 나만의 업무 절차를 세웠다. 이것은 매우 단순한 절차다. 요청 사항 전달 후 담당 부서에서 제대로 처리했는지를 필히 확인하는 과정이다. 내용에 따라 다르긴 하지만 10~15분 정도 후에 확인을 하는데, 이것은 고객과 동료 모두를 위해서였다. 만실이거나 호텔 내의 다양한 행사 등으로 고객 요청이 밀려드는 날은 전 부서가 정신없이 바쁘게 돌아가다 보니 부득이 서비스 지연 현상이 발생하기도 해서 확인 전화가 큰 도움이 된다. 해당 부서에 잊고 있던 요청사항을 일깨워준다거나 또는 서비스가 지연되는 이유를 파악하고 서비스 제공까지 시간이 얼마나 더 필요한지 등을 확인할 수 있는 것이다.

그리고 바로 고객에게 연락하여 서비스 지연에 대해 사과를 하고, 서비스 제공까지 필요한 대략적인 시간을 알려드린다. 이때 고객의 동의를 얻는 것이 중요하다. 만일 고객이 기다릴 시간이 없으니 당장 처리해달라고 하는 경우에는 해당 부서에 재차 전화해서 고객 입장을 전달하면서 최우선적으로 처리해달라고 부탁한다.

부서에서 당장 서비스를 제공할 인력이 없다고 하는 경우에는 내가 직접 나서서 처리하기도 했다. 룸서비스에서 핫 팟hot pot을, 하우스키핑 팬트리에서 다리미, 담요를 찾아들고 객실로 뛰어 올라가기도 했다. 단순한 오더 테이커 및 딜리버러가 아닌, 고객에게는 '행동 지향적 개인 비서'가 되고, 동료에게는 헬퍼이자 서포터가 되어줄 수 있는 코디네이터 역할을 해야 한다고 믿었고 그것을 행동으로 옮겼다.

이렇게 해서 나는 살아남을 수 있었다. '계약 종료'를 당하지 않고, 입사 후 약 4개월 만에 행운이 따랐다. 재계약과 더불어 객실부 내 '로비 GSO' 포지션으로 승급된 것이다.

후에 전해 들은 얘기지만, 계약 종료가 아닌 중요한(?) 포지션으로 이동시킨 이유는 케이트의 '남다른 태도와 행동' 때문이라고 했다. 호텔 설립 후 여태까지 그런 모습의 오더 테이커는 없었다고 했다. 나를 받아주신 객실부장님은 웃으면서 이렇게 말씀하셨다.

"하우스키핑 S부장이 '케이트는 정말 남다르다. 하나를 보면 열을 알 수 있다'면서 '데려가 일 시켜보면 무슨 말인지 알 거다'라고 하더라고!"

5개월 단기 계약 호텔리어로 호텔리어의 삶을 시작했던 것을 나는 큰 행운이라고 생각한다. 단기 계약직으로 끝나지 않고 연 계약직으로의 재계약과 더불어 정식 호텔리어로 승급한 것은 분명 행운이었다. 그러나 실제 행운은 '오더 테이커로 일하며 남다름을 만들어내는 방법을 스스로 터득하는 시간을 가질 수 있었다'는 것이다.

그 시간은 내게 가장 소중한 시간이었다. 그 시간이 주어지지 않았더라면 나의 30년 호텔리어 삶도 존재할 수 없었다. 그 시간을 통해 커리어에 대한 가치관과 신념을 세우고, 금광석보다 값진 교훈을 얻었다. 진정한 호스피탤러티 · 서비스의 프로가 되는 길, 일보다 사람이 우선이라는 가치, 사람의 마음을 얻는 방법 등을 깨달은 시간이었다.

무엇보다 어떤 상황에서든 살아남는 방법은, '존버'가 아니라 '1%의 남다름 만들기'임을 깨닫게 해준 그 시간이 내게는 가장 귀한 선물이었다.

입사 5개월 후 연 계약직으로의 승급과 동시에 로비 GSO 유니폼을 입고 웅장하고 아름다운 호텔 로비에 서던 그날이 떠오를 때면 아직도 가슴이 벅차오르고 눈시울이 뜨거워진다.

tip

+1%의
'남다름' 만들기

1%의 다름은 100% 이상의 전력투구로 만들어진다는 것을 기억해라

100%의 다름을 만들겠다고 큰소리를 치면서 정작 1% 정도의 노력만 기울여놓고, 결국 안 된다면서 쉽게 포기해버리는 경우를 보면 참으로 안타깝다.

'다름'은 어쩌다 생각나면 행동으로 옮기는 것이 아닌,
매일 매 순간의 삶과 일에 대한 태도에서 나온다

'다름'은 '오늘 하루를 어떻게 살아야 나만의 다름을 만들어낼 것인가?'라는 진지한 질문을 매일 자신에게 던지는 데서 출발한다.

'1%의 다름'은 보이는 것보다 보이지 않는 요인들로부터 나온다

『어린 왕자』에서 "중요한 것은 눈에 보이지 않는다"고 한 여우의 말처럼, 진정한 1%의 다름은 외적이 아닌 내적, 즉 본질적 요인에 기반한다.

마이크로스텝microstep은 언제나 옳다

우리의 오늘은 어제와 다르고, 내일은 오늘의 모습과 달라야 한다. 다름을 만드는 유일한 길은 매일 한 걸음이라도 내딛는 데서 시작된다. 오늘의 한 걸음이 내일의 발판이 되고, 내일의 한 걸음이 모레의 발판이 된다. 매일 걸으면서 축적된 올해의 삼백육십오 걸음이 새해의 반석이 됨을 기억해라.

다름은 여러 개를 많이 하는 것이 아니라,

'하나라도, 제대로, 잘' 하는 것으로부터 만들어진다

여러 방면에 능통한 사람을 일컫는 '팔방미인'은 사실 하나라도 확실하게 제대로 알지 못하거나 하지 못한다는 의미와 상통한다고 생각한다. 넓이는 있겠지만 깊이는 없는 것이다. 디지털 시대에서의 '다름 만들기'는 넓이와 양이 아닌 깊이와 질로 승부해야 한다. 현시대는 다방면에 능한 다기능을 갖기보다, 한 가지에 능하고 깊은 통찰을 가진 장인과 장인정신이 한층 더 요구된다고 믿고 있다.

다름 만들기에는 절대적인 시간이 필요하다

다름은 먼지와 같다. 처음에는 전혀 안 보이다가 일정 시간이 지나야 작은 먼지들이 뭉치기 시작하고 뭉치가 점점 더 커지면서 비로소 눈에 띄기 시작한다. 사람의 눈에 띄고 마음에 깊숙이 들어가 자리 잡고 앉을 수 있는 다름을 만들기까지는 다지며 인내하는 시간이 필요하다.

사람은 '다름 코스프레'와 '찐 다름'을 가릴 줄 아는 안목을 갖고 있다는 것을 잊지 마라

사람은 작위적인 100%의 다름이 아닌, 진정성이 담긴 1%의 다름에 감동한다는 사실 또한 잊지 마라.

기브앤테이크가 아닌 '저스트 기브'just give의 마음을 가져라

계산기를 두드리면서 나온 다름에는 영혼이 없다. 진정한 다름은 아무 계산 없이 진정한 기쁨을 전하겠다는 마음가짐에서 탄생된다.

다름은 '자기 확신'으로부터 나옴을 기억해라

도저히 가능치 않아 보이는 일도 가능하다고 믿고 실행해라. 그 믿음이 그대 앞에 가능으로 향한 길을 펼쳐줄 것이다. '다름'은 안 될 가능성이 더 많아 보이는 일이지만 "가능할 거야. 가능해!"라는 확고한 믿음으로 만들어진다. 안 될 것 같다고 의심하면서 시작하면, 의심이 확장되면서 현실로 나타난다. 확신을 갖고 올인을 하면 가능할 수 있는 일을, 자기 의심으로 인해 "할 수 있을까? 안 될 것 같아…"라는 말로 자신의 뇌를 부정적으로 세뇌하면서 안 되는 쪽으로 몰아가는 어리석음을 피해야 한다.

다름으로 유일성의 가치를 창출해라

개성을 추구하는 현대인들은 천편일률적인 것을 좋아하지 않는다.

기계적인 것, 기계로 만든 동일하고 대량생산된 상품이 아닌, 오직 나만을 위해 만들어진 것에 감동한다. 언뜻 보면 비슷하지만 자세히 들여다보면 모두 다른 핸드메이드를 선호하고 값을 더 지불하는 이유는 '유일성의 가치'를 인정하기 때문이다. 이 가치가 가장 크고 높게 작용하는 곳이 바로 고객서비스·고객경험 분야다. 현시대는 일반적이고 보편적이지 않은, 개인화·개별화된 서비스와 경험 가치를 중요하게 여긴다. 고객서비스와 고객경험의 결과는 서비스제공자가 자신이 마주하고 있는 고객을 위해 어떤 가치를 창출했느냐에 따라 결정된다. 자신만의 '남다른 서비스 마인드'로부터 나온 유일무이한 가치가 담긴 서비스가 고객감동을 부르고 최상의 고객경험으로 이어질 수 있다.

아이스버그 밑에 숨겨진 80%를 보아라

안일한 태도로, 보이는 20%가 전부라고 착각하면 안 된다. 보이는 것만이 아닌 보이지 않는 면을 끄집어내고 드러내도록 한다. 고객의 표정, 언어, 말투, 목소리 톤과 보디랭귀지 속에 감춰져 있는 80% 중에서 단 20%만 찾아내도 그것을 바탕으로 그대는 완전히 '남다른 서비스'를 만들어낼 수 있다.

09

그대 자체가 명품이어야 한다

You yourself must be a luxury

언제부턴가 우리 사회에서 명품과 럭셔리가 동일한 의미로 사용되고 있는데, 문득 이런 의문이 들었다.

'주위에 넘쳐나는 럭셔리 상품이 모두 명품masterpiece으로 불릴 자격이 있을까?'

꼭두새벽부터 수십 명이 백화점 앞에 줄을 서서 기다리는 진풍경을 목격한 적이 있다. 소수층 사람만이 아닌 다수의 보통 사람들도 명품이라 불리고 있는 럭셔리 브랜드 아이템을 구입하기 위해 시간과 노력을 들이고, 심지어 웃돈까지 얹어가며 손에 넣기 위해 안간힘을 쓰고 있다.

싫든 좋든 간에 우리는 넘쳐나는 럭셔리 상품들에 둘러싸여 살고 있는데, 대부분은 우리의 기본적인 삶을 유지하기 위해 반드시 필요한 물건은 아니지만, 갈수록 커지고 깊어지는 인간의 소유욕과 욕망을 채워주기에 충분한 역할을 하고 있는 것이다.

소비가 삶 자체이고 소비를 통해 자신의 정체성을 나타내는 디지털인들에게 럭셔리 상품, 소위 명품은 자기 욕구와 욕망을 충족하기에 매우 적합하고 매력적인 도구다. 럭셔리 브랜드를 입고 신고 들고 사용하면 스스로가 희소가치를 지닌 고가의 특별한 존재가 될 거라는 환상을 갖는다. 심지어 비싼 럭셔리 물건을 취급하고 판매한다는 이유만으로 자신이 럭셔리 상품 자체가 된 듯 착각하며 행동하는 럭셔리 호텔·브랜드 매장 직원을 볼 때는 안타까운 마음마저 든다.

최고급 럭셔리 브랜드 호텔의 VIP 라운지에서 근무하는 C. 고위직이나 유명 인사들을 늘 가까이서 접한다는 이유만으로 자신이 특별한 위치에 있는 사람인 양 착각하여 교만하고 건방진 태도로 일반 고객을 대한다.

고가의 럭셔리 상품을 판매하는 브랜드 매장 슈퍼바이저 P. 고가의 물건을 다루고 있다는 이유만으로 자신도 덩달아 고가의 가치를 지닌 사람인 양 행동한다. 화려한 매장 분위기에 압도당해 어리둥

절한 모습으로 들어서는 방문객을 촌스러운 사람 취급하듯 비웃음으로 맞고, 상품에 대해 이것저것 물으면 고가 상품을 구입할 자격도 없는 사람으로 치부하면서 건성건성 대답하고 얼른 나가달라는 무언의 압력을 행사한다.

동료나 고객 입장에서 이런 모습을 목격하면 참으로 안쓰럽고 슬픈 기분마저 든다. 소위 '세계적으로 이름 있는, 고가의 호화롭고 특별한 상품과 서비스'를 파는 서비스제공자나 판매 직원은 고가 상품의 가치를 더욱 높이고 부각하는 태도와 서비스를 제공해야 함에도 불구하고, 오히려 상품 · 서비스 가치를 하락시키고 브랜드 명성까지 퇴색시킨다. 그들의 이런 행동을 보면서, 같은 분야에서 오랜 기간 일해온 일인으로서 럭셔리와 명품의 의미와 차이점에 대해 생각해보게 되었다.

명품과 럭셔리 사이에는 분명 공통점이 있다. 둘 다 대량생산 시스템으로 만들어지지 않는다는 점이다. 또한 둘 다 희소가치를 갖고 있고, 일반적으로 고가다. 하지만 이 둘을 구분 짓는 확실한 다른 점이 있다. 명품은 '뛰어나고 이름난 물건 또는 작품'이라는 의미를 담고 있는데, 이는 '호사스러운 값비싼 물건'이라는 럭셔리 상품의 의미와 사뭇 다르다. 명품은 반드시 고가일 필요가 없고, 가격을 떠나 '럭셔리'가 갖지 못하는 진정한 가치를 갖고 있다. 그것은 명품에 담긴 '인간의 정신과 영혼' 그리고 '유일성의 가치'다.

나는 개성, 철학, 고뇌와 영감이 깃든 럭셔리, 아니 '명품'을 좋아한다. 생활하는 데 꼭 필요한 물건은 아니지만, 마음과 영혼에 와닿고 깊은 울림을 주는 명품을 사랑한다. 그래서 여력만 된다면 소유하고 싶고, 가질 수 없는 것이라면 먼발치에서라도 보고 느끼고 싶다. 나의 명품 리스트에 들어 있는 것들이다.

- 타의 추종을 불허하는 감성으로 깊은 감동을 주는 피카소와 모네의 작품
- 툴루즈 로트렉의 삶의 고뇌가 고스란히 담긴 회화적 작품
- 경외감과 겸허감을 동시에 불러일으키는 가우디의 사그리다 파밀리아 성당
- 천상의 아름다움을 전하는 듯한 바브라 스트라이샌드의 목소리. 특히 "Papa, Can You Hear Me"를 마치 시를 읊조리듯 애절하게 부르는 감성적인 목소리
- 귀가 완전히 먼 상태에서도 불굴의 의지와 열정으로 탄생시킨 베토벤의 〈합창교향곡〉
- 16세기 중반에 설립된 이후 수백 년간 오직 종을 만드는 기쁨을 유산으로 이어온 가족의 정신이 온전히 담긴 그라스마이어 종 Grassmayr Bell
- 지금은 이 세상을 떠난 나의 솔메이트 S가 손수 뜬 레이스로 장식된 수제 엽서

- 손녀 정이가 태어나 처음으로 만들어 전해준 세상에 하나밖에 없는 생일 카드와 종이 케이크
- 동네 작은 공원 앞 낡은 포장마차에서 파는 빠삭하게 구워진 갈색 겉면을 한 입 깨물면 달콤고소한 팥이 입안 가득 퍼지는 붕어빵

이외에도 일일이 다 거론할 수 없는 많은 명품들이 내 마음 깊이 자리 잡고 있다. 물론 감히 가까이 갈 꿈조차 꾸지 못하는 명품, 어쩌다 한 번이라도 눈으로 보고 가슴으로 느끼는 호사로 그칠 수밖에 없는 명품도 있지만, 대부분은 고가도, 최첨단 신상도 아니다. 이 물건과 사람들이 내게 명품이 된 이유를 곰곰이 생각해보았다. 그리고 그들 속에는 '아주 특별한 무언가'가 숨 쉬고 있다는 것을 깨달았다. 한결같이 '인간의 영혼과 숨결'이 스며들어 있고, '유일한 스토리와 영감을 불러일으키는 감동'이 생생히 살아 숨 쉬고 있다는 사실이었다.

럭셔리 브랜드 상품을 명품으로 부르는 것에 별 의문을 제기하지 않는 사회적 분위기지만, 의문을 제기하지 않음에 나는 이의를 제기하고 싶다. 프리미엄 럭셔리 호텔 브랜드에서 30년간 몸담아오면서 럭셔리 브랜드 상품·서비스의 의미와 가치를 실제 경험하면서 나름의 깊이 있는 이해와 노하우를 갖게 되었다고 감히 말할 수 있기 때문이다. 나의 경험을 토대로 주장하자면, 럭셔리 호텔의 호스피탤러티와 브랜드 기업에서 판매하는 상품·서비스가 진정한 '명품'으로 불

리기를 바란다면 우선 '명품다움'을 갖춰야 한다.

럭셔리 상품이 일반 상품과 차별화를 이룰 수 있는 이유는 대량생산 시스템에 의해 생산된 물건이 아니라, 대부분 숙련된 프로나 장인에 의해 한정량으로 만들어진 제품이기 때문이다. 장터나 노점에서 파는 일반 물건과 다르다는 것은 부인할 수 없는 사실이다. 하지만 그런 이유로 럭셔리 브랜드 상품과 럭셔리 호텔서비스가 자동적으로 명품이라 불릴 자격을 갖고 있다는 의미는 아니라고 생각한다. 명품이 갖춰야 할 본질적 요인을 충족해야만 명품으로 불릴 자격이 있는 것이다.

럭셔리 브랜드 가방의 탄생을 예로 들어보자. 최고의 가죽을 찾아, 최고의 무두질 장인 손을 거친 후, 최고의 창작 능력을 가진 디자이너의 손길을 거쳐, 최고의 가죽 바느질 장인의 손끝에서 멋진 작품이 탄생할 것이다. 각 공정을 맡은 전문가의 경험과 노하우, 숙련된 스킬은 기본이다. 하지만 이것만으로는 명품이라 불릴 수 없다. 이 가방이 진정 명품으로 탄생하기 위해서는 각각의 공정마다 전문가의 '투철한 장인정신이 깃든 손길과 숨결'이 반드시 녹아 있어야 한다.

경험과 노하우, 스킬은 좋은 작품을 탄생시키는 기본이 되지만, '명품'의 탄생에는 제작하는 사람의 순수한 영혼과 숨결이 온전히 배어 있어야 한다. 그렇게 탄생된 물건의 결과물은 유형적 품질뿐만 아니라 그것을 보고 만지고 소유할 구매자가 느끼게 될 '감성 품질'에 지대한 영향을 미친다. 최상의 감성 품질로 나타날 때 사람들은 그것을 '명작', '명품'

이라 부르고, 보고 듣고 느끼면서 "형언할 수 없는 감동을 준다"고 고백하게 된다.

'감성 품질'emotional quality은 명품 서비스를 추구하는 럭셔리 호스피탤러티·서비스 기업이 반드시 지녀야 할 가치다. 제아무리 화려하고 호화롭게 장식된 호텔이나 리조트라 할지라도 그것은 단지 고가의 건축물이나 시설에 불과하다. 유형의 시설을 실제 살아 숨 쉬도록 생명을 불어넣으면서, 단순한 럭셔리가 아닌 진정한 명품으로 탄생시킬 수 있는 것은, 눈에 보이지 않는 무형이지만 본질적 요소인 인간의 정갈한 숨결과 진정성이 담긴 손길 덕분이다.

명장만이 명품을 만들어낼 수 있듯이 명품 서비스 전문가만이 진정한 명품 서비스를 제공할 수 있다. 호스피탤러티·서비스 기업이 명품 서비스 제공을 통해 최상의 고객경험 창출을 꾀하려면 최우선적으로 명품 서비스를 만들어낼 능력을 갖춘 서비스 전문가가 있어야 한다. 명품 서비스 전문가는 단순히 럭셔리한 건물과 시설 안에서 럭셔리 상품과 서비스를 취급하고 있다고 탄생되는 것이 아니다. 명품 서비스 전문가로 인정받기 위해서는 명품을 명품답게 만드는 본질적 역량인 '명품의 태도와 정신'을 갖춰야 한다.

tip

명품 서비스 전문가가 되는 길

명품의 철학과 가치를 배우고 익혀라

- **의식의 가치** 프로페셔널리즘(전문적인 직업의식)은 마이스터meister : 장인, 거장가 되기 위한 기본 출발이다.
- **시간의 가치** 쓸데없이 시간을 허비해서도 안 되지만, 명품 탄생에는 절대적인 시간이 필요하다. 명품은 결코 하룻밤에 탄생될 수 없다.
- **인내의 가치** 시행착오를 통한 배움이 반드시 따라야 하고, 그것은 자신과의 기나긴 싸움과 인내를 필요로 한다.
- **몰입의 가치** 몰입은 '한 가지 또는 한 순간에 미친다'는 의미다. 미쳐야 뭔가 이룬다. 이 세상은 미친 사람들에 의해 변화하고 발전해왔다는 사실을 기억해라. 그대 눈앞에 놓인 '그 무엇'에 미치는 것을 두려워하지 마라.
- **디테일의 가치** 디테일이 품질을 결정한다. 99가 아닌 100을 추구해야 하고, 1을 채우기 위한 답은 디테일에 있다. 작은 바늘구멍을 막지 못하면 거대한 둑도 못 버티고 결국 무너져내린다는 것을 기억해라.
- **유일성의 가치** 자신의 정신, 철학, 영혼을 담아야 유일무이한 가치를 만들어낼 수 있다. 진정성, 감성, 정성스러운 마음과 손길로부터 탄생

한 유일의 가치는 절대 복제가 안 된다. 그대만이 만들어낼 수 있는 최고의 가치다.

• **감동의 가치** 감동을 불러야 명품이다. 영감을 주지 못하고, 감동적인 아름다움을 느끼지 못하는 것은 명품이라 불릴 자격이 없다. 명품 서비스는 고객에게 깊고 진한 감동을 전할 수 있어야 한다.

• **대물림의 가치** 명장이 만들어낸 명품을 대를 이어 전수하고 보존하듯 대물림을 하고 받을 가치가 있는 명품 서비스를 만들어내야 한다.

명품의 가치는 결과가 아닌 과정에 녹아 있다

매 과정에 몰입하고 영혼을 담아야 한다. 사람들은 '적당히, 대충대충'과 '진솔하게, 온 마음을 넣은' 결과물의 차이를 보고 듣고 느끼며, 명확히 구분할 수 있다는 사실을 잊지 마라.

서비스 과정을 공유해라

서비스 과정 자체도 명품의 일부분이다. 사람들은 명장의 결과물도 좋아하지만, 명품 제작 과정을 지켜보고 싶어한다. 창작 과정에서 혼신의 열정을 쏟는 모습을 보면서 기쁨과 감동을 느낀다. 서비스 과정을 고객과 공유하면서 그대의 열과 성이 담긴 서비스 탄생 과정을 고객이 즐기고 감동받게 해라.

그대 자체가 귀한 명품 선물이 되어라

다른 무엇도 아닌 그대의 시간과 마음을 고객에게 주어라. 고객이 그대와 함께 주고받은 대화, 공유한 시간을 '명품 선물'로 여기게 만든다면 그것만으로도 그대는 명품으로 인정받게 될 것이다.

그대의 인생철학과 가치관이 명품의 그것과 닮아 있어야 한다

명품이 요구하는 본질, 가치와 자신의 그것이 정렬되어 있지 않으면 진정한 명품을 만들어낼 수 없다. 귀한 손님에게 밥 한 그릇을 대접할 때 밥을 금으로 치장할 수는 없다. 하지만 구할 수 있는 가장 좋은 쌀을 준비해서 정성스러운 손길로 쌀을 씻고, 잘 씻은 쌀을 솥에 얌전히 안쳐 밥을 짓고 충분히 뜸을 들인 다음, 맛있게 뜸이 든 밥을 깨끗한 밥그릇에 소담스럽게 담은 뒤, 조심스러운 발걸음으로 옮겨, 화려하지는 않지만 정갈하게 차린 밥상 위에 단정한 손길로 살포시 올려놓는다면? 밥상을 받은 손님은 위의 전 과정을 곁에서 지켜보지 못했을지라도 먹음직스럽게 윤기가 흐르고 맛있는 내음을 풍기는 갓 지은 밥을 마주 대하면서 밥 지은 이의 손길과 정성을 고스란히 느낄 수 있다. 밥을 지은 이와 밥을 받는 이 둘 다 마음과 영혼을 가진 '인간'이기에.

사람은 금테가 둘린 고가의 접시 위에 올려진 고급 스테이크를 대접받으면서도 기분이 상하면 체하기도 한다. 반면에 평범한 그릇에 담겼지만 정성스러운 마음과 손길로 지어진 밥 한 그릇으로도 말로 표현하기 힘든 감동을 받는다. 사람이든 물건이든 가슴을 울리면서 큰 감동과 행복감을 전해주는 모든 것은 '명품'이라 불릴 자격이 있다. 명장만이 명품을 탄생시킬 수 있듯이 '명품 서비스'는 명품의 본질적 가치를 알고 실천하는 '명품 서비스 전문가'만이 만들어낼 수 있다. 그것은 그대 자체가 명품이어야 가능한 일이다.

10

다양성과 포용은 더 이상 선택이 아니다

Diversity and inclusion are no longer an "opt-in"

인류 역사를 돌아보면 오직 하나의 종種과 성性, 한 가지 피부색, 오직 하나의 문화나 언어로만 이루어진 사회는 없었다는 것을 알 수 있다. 수많은 사상과 종교와 법과 규범이 충돌하고 뒤섞이면서 오늘날까지 이어져왔고, 그런 '충돌'과 '뒤섞임'을 통해 인류의 문화와 문명이 발전해왔다.

21세기를 살아가고 있는 현대인들은 물리적 거리를 뛰어넘어 서로가 긴밀히 연결되어 있다. 마음만 먹으면 지구 반대편에 있는 가족, 연인이나 지인의 얼굴과 목소리를 지금 즉시 보고 들을 수 있다.

우리 사회의 변화는 더 놀랍다. 불과 30년 전만 해도 지방 도시는 고사하고 서울 한복판에서조차 거의 마주칠 일이 없었던, 언어와 피부색이 다른 외국인들을 오늘날에는 매일 마주치고 자연스레 대화도 나눈다. 한국어에 능숙한 외국인을 신기하게 쳐다봤던 적이 언제였나 싶게 이제는 특별한 장면이 아니다.

몇십 년 전과 달리 다른 피부색과 언어, 문화에 우리 사회는 상당히 너그러워지고 관대해졌다. 나 · 우리와 '다르다'는 이유로 무조건 멀리하기보다는 관심과 호기심을 갖게 된 것은 고무적인 현상이다. 디지털 기술 · 인터넷의 혜택과 해외 유학 또는 여행 등을 통해 전혀 다른 환경과 문화에서 다른 삶을 살아가는 사람들을 접하고 느끼고 이해할 수 있는 기회를 갖게 된 덕분일 것이다.

피상적으로는 이렇게 다른 피부색과 언어, 문화를 받아들이고 이해하는 것처럼 보이지만, 실상은 많이 다르다. 자신과 다른 모습과 생각을 가진 사람을 기피하고, 손잡고 함께 걸어가기를 주저하고 있다는 사실을 인정하지 않을 수 없다. '서로의 다름을 인정해야 한다'고 피력하는 공익광고를 거의 매일 접하고 있는데, 이는 여전히 대다수의 사람들이 '다름'을 받아들이지 못하고 있는 현실을 방증하는 것이다.

나의 경험에 의하면 아직도 많은 사람들, 심지어 MZ세대에 속하는 젊은이들조차 자기와 다른 피부색을 갖고, 다른 생각과 가치관을 가진 사람과 한 공간에서 함께 살거나 일하는 것에 대한 거부감을 갖고 있다. 겉으로는 드러내놓고 말하지 못해도 표정과 보디랭귀지에서 불편함과 불안감을 여실히 보인다. 이 현상은 매일 만나고 함께 호흡하며 일해야 하는 관계일 때 더욱 확실하게 나타난다. 이런 모습을 볼 때면 나는 이렇게 말한다.

"하다못해 같은 피와 DNA를 나눈 부모와 자식, 같은 형제·남매간조차 '너무도 다르다'는 것을 느끼는데, 하물며 타인의 모습과 생각이 나와 같기를 바라는 것은 장미와 백합이 같기를 바라는 것처럼 부질없는 바람이 아니냐."

그리고 이 말을 덧붙인다.

"장미는 장미로서, 백합은 백합으로서 아름다운 것이 아니겠느냐. 우리는 장미의 아름다운 외모를 보는 기쁨도 갖고, 백합의 진한 향기에 취하는 기쁨도 가질 수 있으니 얼마나 행복하냐."

매일 새로이 만나는 '다른 고객'에게 최상의 서비스를 제공해야 하는 서비스 직원에게 '다양한 다름'을 인정하고 이해하는 '포용'은 필수 가치다. 서비스제공자는 각기 다른 개성과 니즈와 기대를 갖고 방문하는 고객을 맞이하면서, 굳이 인류학자의 지식이나 철학자의 통찰을 빌리지 않더라도, **'나와 같은 모습과 생각, 동일한 경험과 가치관을 갖고 있는 사람은 이 세상 어디에도 존재하지 않는다'는 사실을 가슴 깊이 새겨야 한다.**

그것이 어렵다면 '인지상정'의 심정을 가져라. 그대 또한 다른 서비스제공자와 다르고, 고객이 '그대만의 다름'을 인정하고 이해해주기를 바라는 보통 사람이므로. 다양성과 포용의 가치를 진정으로 이해하고 실행할 때라야 비로소 그대 앞에 서는 고객 한 명 한 명의 마음에 울림을 전할 수 있다.

tip

다양성과 포용력 기르기

- '각양각색', '백인백색'을 가슴에 각인해라. 이에 대한 깊은 이해가 휴먼 커넥션의 첫걸음이다.

- 다양성을 인정하고 상대방을 포용하는 것은 '편견에 굴복하지 않고 당당히 맞서겠다'는 용기로부터 시작된다.

- 이 세상은 다른 생각과 꿈을 가진, 약간은 삐딱한 시각으로 세상을 바라보는 사람들에 의해 변화하고 발전해왔음을 기억해야 한다.

- 지루한 삶이 아닌, 늘 가슴 뛰는 삶을 살고 싶다면 같은 생각과 말

을 하는 사람들과만 함께하는 삶을 피해야 한다.

- 같은 생각과 지식, 업무 방식을 갖고 있는 사람들과 일할 때는 서로 자화자찬만 하는 '어리석음의 늪'에 빠지지 않도록 경계해라. 자기들만의 세상이 전부고 최고라고 생각하는 착각이 자신은 물론 팀과 조직을 망하게 한다.

- 다른 생각과 행동을 하는 사람과 일하게 되었을 때 진심으로 감사해라. 그대 마음의 눈과 귀를 활짝 연다면 '다름에서 나오는 큰 배움'을 얻을 수 있기 때문이다.

- 까다롭고 힘든 고객을 만났을 때는 이렇게 되뇌라. "한 단계 성장할 기회를 얻었구나!"라고. 유별난 고객에게 서비스하는 과정에서 얻은 경험은 서비스 전문가로 성장하는 데 꼭 필요한 값비싼 비료다.

- '다름'으로 승부해라. '다른' 관점과 생각을 갖고 행동에 옮기는 사람이 자신은 물론 팀과 조직에 혁신을 가져올 수 있다. 그대가 동료들로부터 "평범하지 않아. 약간 4차원이야"라는 말을 듣는다면 기뻐하면서 그 면을 긍정적으로 개발해라. 세상은 '미친 눈과 삐딱한 시선'으로 세상을 변화시킬 수 있다고 믿는 사람들에 의해 바뀌어

왔고 바뀌어갈 것이다.

- '다른 길'을 갈 때 성공 확률이 높다는 것을 기억해라. 사람들과 같은 모습을 하고 같은 길을 걸어가면 실패 확률은 적겠지만, 남다르게 성공할 확률 또한 거의 없다. 겨우 평균치에서 머무르면 다행이다. 반면, 아직 그 누구도 가지 않았던 길을 열고 그 길 위에서 그대만이 할 수 있는 일을 해나간다면 '확실한 차별화'를 이루고 성공을 기대할 수 있다. 설사 실패할지라도 그대가 열어놓은 길이 새로운 도전과 성장을 위한 견고한 기반으로 이어질 거라는 확신을 갖고 포기하지 않는다면 그 실패는 성공으로 이어지는 다리가 되어줄 것이다. 무엇보다 그대가 쓸데없는 경쟁심으로 인한 정신적, 물리적 에너지 낭비를 하지 않음에 감사할 수 있다.

우리 모두는 하나같이 다르다. 다른 피부색에 다른 모양과 색깔의 옷을 입고, 다른 음식을 먹으며 다른 세대에 속해 있고 서로 다른 이념과 사상을 좇고 다른 신을 찬양하지만, '인간'이라는 굵고 강한 뿌리와 줄기에 연결되어 있다는 사실을 잊지 말아야 한다.

'MZ'와 'LATTE'가 다름은 같은 하늘에 떠 있지만 태양과 달이 다른 것처럼 너무도 당연하다. 이 다름을 논하는 것은 왜 로마와 중세

시대가 다르고, 근대와 현시대가 왜 다르냐고 묻는 것과 같다. 만물의 혼합과 결합으로 이루어진 게 우주고, 세상이고, 시대인 것처럼 우리 사람도 그렇다. 이 사실을 인정하고 받아들일 때 진정한 휴먼 커넥션으로 가는 길이 열린다.

11

순수한 관심으로 예측해라

Anticipate out of pure interest

Q 고객에게 순수한 관심을 보이고 세심히 관찰해야 하는 이유는 무엇인가?

A 순수한 관심을 토대로 한 관찰은 고객의 니즈와 기대 파악 및 자발적이고 신속한 서비스 제공을 가능하게 해준다. 나아가 크고 작은 컴플레인을 예방하고, 고객만족을 넘어 고객감동을 불러올 수 있다.

최상의 고객경험은 개별화된 서비스에서 나오며, 고객 맞춤형 서비스는 고객 니즈와 기대에 대한 신속 정확한 예측에 달려 있다.

고객이 필요한 것이 무엇이며, 어떤 기대를 갖고 방문하는지를 예측하면서 고객을 맞이하는 것과 그렇지 않은 것에는 큰 차이가 있다. **고객 니즈 예측은 최상의 고객경험 창출을 위한 첫 출발인데, 이를 가능케 하는 것은 바로 고객에 대한 '순수한 관심'이다.**

특급 호텔에는 로비 GSO나 로비 앰배서더가 있다. 이들의 주 업무는 호텔 로비에서 고객을 맞이하고, 고객 질문이나 요청에 응대하는 일이다. 대부분의 로비 GSO나 앰배서더들은 정자세를 하고 벨 데스크나 호텔 현관 가까이에서 스탠바이한다. 고객이 다가와서 묻거나 요청하기 전에는 본인들이 고객에게 다가가는 경우가 거의 없었다. 신입 직원 로비 GSO P는 로비 GSO로 근무를 시작한 지 비록 며칠 되지 않았지만 이 모습이 이상하게만 보였고, 아래와 같은 의문이 들었다.

'억지 미소를 띠고 어색한 정자세로 로봇처럼 서 있다가 고객이 가서 말을 걸어야만 응대하는 수동적인 서비스가 로비 앰배서더의 진정한 역할일까? 이런 수동적인 태도로는 고객에게 감동은 고사하고 만족도 줄 수 없지 않을까?'

게다가 7센티 굽 높이 구두(그 당시만 해도 유니폼과 더불어 굽 높이까지 정해진 유니화를 반드시 착용해야만 했다)를 신고 '스탠바이' 자세로 점심시간 빼고는 하루 종일을 서 있어야 하는 일은 정말 고역이었다. 10분이 한 시간처럼, 한 시간이 하루처럼 느껴졌다. '최고의 호텔 로비 앰배서더로서 오늘도 즐겁고 보람된 하루를 보내야지'가 아니라 '오늘 하루를 또 어떻게 버티지'라는 걱정으로 출근길 발걸음이 천근만근이었다. P는 이런 식으로는 계속 근무하기 힘들겠다는 생각이 들었지만, 어렵게 들어간 호텔을 그만둘 수는 없었다.

그래서 P는 능동적이고 적극적인 서비스를 하면서 시간을 의미 있게 보내는 방법을 생각했다. 무엇보다 고객이 다가와 뭔가를 요청할 때까지 가만히 서서 기다리는 것은, 특급 호텔 로비 앰배서더의 올바른 서비스가 아니라는 생각이 들었다. 고객이 말하기도 전에 먼저 고객 니즈를 알아채고, 적극적으로 다가가 능동적으로 제안하고 실행하는 서비스를 하는 것이 옳은 자세라고 생각했다. 그런 생각을 하며 P는 고객에 대한 순수한 관심을 갖고 고객을 관찰하기 시작했다. 고객의 얼굴 표정과 행동은 물론, 옷차림과 소지품 등에 대한 세심한 관찰을 통해 고객의 방문 목적을 파악할 수 있다는 것을 깨달았다.

피곤하고 지친 기색이 역력한 얼굴로 큰 러기지luggage를 힘겹게 끌면서 현관에 들어서는 고객은 장거리 비행에서 도착한 장기 투숙 예정객일 가능성이 높다. 이 고객에게는 최대한 빠른 체크인 서비스를 제공함으로써 장거리 여행으로 지친 심신을 달래고 휴식을 취하실 수 있도록 도움을 드린다. 가능하다면 인룸in-room 체크인 서비스를 제공한다.

골프웨어 차림에 보스턴백을 들고 마치 자기 집에 들어오듯 주저 없이 현관을 들어선다면 호텔 내 골프연습장을 이용하러 온 피트니스 클럽 정규 회원 고객이다. 이 고객께는 이름을 불러드리면서 반가운 환영 인사와 더불어 즐거운 골프 연습 시간이 되시길 바란다는 인사말을 건넨다.

신상으로 보이는 말쑥한 정장 차림에 서류 가방을 들고 어색하고 긴장된 모습으로 들어서는 젊은 남성 고객은 비즈니스 미팅 참석 예정인데, 호텔에서 처음 갖는 중요한 회의에 참석하는 신입 직원일 가능성이 높다. 이 고객께는 재빨리 다가가서 방문 이유를 확인하면서 미팅 장소와 더불어 관련 시설도 안내해드린다. 밝고 화사한 미소로 고객의 마음에 안정감과 편안함을 주는 것이 긴요하다.

최신식 정장으로 멋을 낸 남성과 아름다운 양장 또는 한복 차림을 한 여성의 경우는 거의 대부분이 결혼식 참석을 위해 방문한 고객이다. 이 고객들께는 결혼식 참석인지를 확인한 후 결혼식 장소 안내와 함께 진심 어린 축하의 인사말을 전한다.

저녁 무렵 스타일리시한 옷차림에 꽃다발을 들고 한껏 상기된 얼굴로 들어오는 젊은 남성은 사귄 지 오래되지 않은 여자친구와 특별한 기념일을 축하하기 위해 호텔을 방문한 고객이다. 이 고객에

게는 레스토랑 방문인지 또는 예약 여부 등을 확인한다. 또한 레스토랑에 연락하여 기념일 축하 디너임을 알리면서 특별 배려를 부탁한다.

눈에 확 띄게 화려한 옷차림과 화장을 한 몇 명의 여성들은 호텔 디너 이벤트나 파티에 참석하는 고객이다. 이 고객들에게는 약간 높은 톤의 목소리와 화사한 미소로 고객 기분을 맞춰주면서 즐거운 시간 보내면서 좋은 추억 많이 만드시라는 인사말을 건넨다.

호텔 현관에 들어서는 표정에서 당황한 기색이 역력하고 고개를 연신 두리번거린다면 분명 화장실 용무가 다급한 고객이거나, 또는 중요한 약속 시간에 많이 늦은 호텔 첫 방문 고객으로 약속 장소 위치를 찾고 있는 것이다. 이 고객에게는 재빨리 가까이 다가가 작고 신중한 목소리로 "고객님, 제가 도와드리겠습니다"라고 제안하고, 화장실 또는 고객이 찾는 장소로 안내한다.

깊은 관심을 갖고 면밀히 관찰하다 보면 고객의 옷차림, 소지한 물건, 표정, 태도와 행동에서 말로 표현되지 않은 수많은 값진 정보를 파악할 수 있다. **차별화된 고객경험 창출을 목표로 하는 서비스 기업에서는 고객접점에 있는 서비스 직원의 순수한 관심과 관찰에 의해 수집된 고객정보를 가장 값지고 귀중한 데이터로 다루고 활용해야 한다.** 직원의 세심한 관찰로 얻어낸 정보를 토대로 능동적이고 적극적인 맞춤형 고객서비스를 제공할 수 있는 역량을 갖춰야 한다. 이로부터 '고객감동'이 나오기 때문이다.

진정한 감동은, 고객 자신이 필요한 것을 말로 요청하기 전에 서비스제공자가 '순수한 관심과 관찰'을 통해 먼저 알아차리고, 그것을 민첩하게 실행하는 데서 나온다. '나한테 이렇게까지 관심을 갖고 배려해주는구나!'라는 마음이 들고 "정말 대단하다!"는 말이 절로 나오게 하는 것이다. 이것이 바로 '고객 기대 능가'다.

현대 디지털 시대의 고객은 매우 스마트하다. 오늘날의 고객은 요청할 때 비로소 제공되는 서비스와, 서비스제공자의 관심과 관찰에서 나온 서비스의 차이를 명확히 알고 있다.

서비스제공자로서 그대가 고객 기대를 넘어선, 10점 만점에 10점 이상을 받을 만한 서비스를 하고 있다고 믿는다면 지금 바로 얼마나 자주 고객에게 '긍정적인 놀라움'을 전달하고 있는지 돌아봐라. 고객으로부터 "○○○은 내 속마음과 내가 필요로 하는 것을 어찌 그리 잘 알고 있는지 정말 놀랍다!"라는 말을 들어야 한다.

서비스제공자로서 고객서비스 현장에서 매일 단 한 명의 고객이라도 '기대를 뛰어넘는 서비스', '예상치 못한 서비스'를 받는 기쁨에 놀라워하면서 "와우!"를 부르짖게 만든다면 그대는 '감동 서비스 전문가'로 불릴 자격이 있다.

12

지속가능한 협상력을 갖춰라

Equip yourself with sustainable negotiating skills

기본적으로 '협상'이란 단어는 누구에게나 상당한 무게감으로 다가온다. 하지만, 곰곰이 생각해보면 협상은 반드시 대단한 일이나 큰 사안에 관해서만 필요한 것이 아니다.

"B(Birth)와 D(Death) 사이에 C(Choice)가 있다"고 한 프랑스의 지성 장 폴 사르트르Jean Paul Sartre의 말처럼 태어나서 죽을 때까지 '선택'의 여정인 인간의 삶에서 협상은 필수 불가결한 것이다. 매일 매 순간 선택을 해야만 하는 자신 또는 상대와의 협상을 피할 수 없는 삶을 우리는 살고 있다.

'점심으로 짜장면을 먹을까 짬뽕을 먹을까, 혹은 짬짜면이 나을지 볶음밥이 좋을지'라는 선택의 기로에서 자신과 최선의 협상을 해야 하거나, 또는 '이번 주말 오대산 등반과 지리산 등반 중 어느 쪽이 더 나을까?'를 결정할 때 동반할 연인이나 친구와의 협상이 필요하다. 비즈니스에서는 더 이상 말할 나위가 없다.

호텔 기업에서는 매년 말, 이듬해의 재계약과 객실가 책정을 위한 협상을 한다. 본 협상에 들어가기 전부터 세일즈 담당자는 깊은 고민의 시간에 빠진다. 객실 단가 인상률을 어느 정도 제시해야 재계약이 성사될지, 반드시 지켜내야 할 마지노선은 얼마인지, 특히 높은 인상률을 피할 수 없을 때 어떤 부가적 혜택을 제시해야 고객이 수용할지에 대해 고심한다. 고객이 처한 상황과 입장을 파악함은 물론, 경쟁사의 동향과 제안을 사전에 알아내는 것 또한 매우 중요한데, 이런 값진 정보를 얻는 것이 어렵기 때문에 고심은 더욱 깊어진다.

몇십 년 전에는 "하나를 내주면 최소 하나 이상을 얻어야만 성공적인 협상"이라는 말을 들었다. 현재는 "상호 윈윈이라는 긍정적 결과를 달성하는 것이 좋은 협상"이라고 말한다.

모든 협상 테이블에는 확실한 어젠다가 있다. 확실하게 주고받아야 하는 물건이나 물질이 있다. 서로가 상대의 숨겨진 패가 무엇인지를 파악하는 데 모든 촉각을 세우고, 상대보다 1만큼이라도 더 취하면서 "성공적인 협상이었다!"라고 외칠 수 있는 전략을 짜느라 밤을 지새운다. 오늘 이 순간 목전에 놓인 협상 결과에 모든 것을 건다. 상호 '윈윈'을 추구한다고 선언해놓고서 완벽한 50대 50의 결과를 내는 것은 불가능함을 알기에 속셈으로는 어떻게 해야 자기편이 49가 아닌 51을 취할 수 있는지를 계산한다. 이런 관점에 기반한 협상은 결국 한쪽은 승자가 되고 다른 한쪽은 패자가 되는 결말을 피할 수 없다.

더도 덜도 말고 서로 일대일로 완벽하게 주고받는 것을 목표로 한다면, 그런 협상은 어디에도 없기에 목표 달성은 불가능하며, 매 협상에 오직 승자와 패자만 있을 뿐이다. **나는, 최상의 협상 결과는 '서로 공평하게 주고받는 것'이 아니라 '지속가능한 관계 수립'이라고 생각한다. 협상의 목적은 눈으로 보고 셀 수 있는 물건이나 물질이 아니라 상호 관계 형성이어야 한다. 좋은 협상의 화룡점정은 협상 과정에서 이루어지는 '끈끈한 휴먼 커넥션'이다.**

tip

지속가능한 협상술

감추고 싶은 모습도 보여주는 용기를 가져라

진실성과 솔직함은 언제나 옳다. 보이고 싶은 것만 보여주는 관계는 상호 신뢰가 존재하기 어렵다. 감춘다고 계속 감출 수 없다. 블라인드라서 자기만 못 보는 것이지, 다른 사람도 보지 못한다고 착각해서는 안 된다. 보여도 말을 안 할 뿐이고, 들어도 못 들은 척할 뿐이고, 알고 있으면서 모르는 척할 뿐이다.

가격이 아닌, 가치를 팔아라

HK는 고가의 신개발 헬스 제품을 판매하는 영업사원이다. 타사의 비슷한 제품에 비해서 훨씬 고가라 월 한 대 팔기도 어렵다. 고객으로부터 "제품은 좋아 보이지만 비슷한 타사 제품에 비해 가격이 너무 비싸서…"라는 말을 들을 때마다 HK는 '손해를 감수하고서라도 타사 제품과 비슷한 가격으로 내려야 하나?'를 고민할 수밖에 없었다.

그러나 그것은 제 살 깎아 먹는 행위이며, 결코 오래 지속될 수 없는 일회성 방편일 뿐이라는 것을 알고 있는 HK는 세일즈 관점을 달리하기로 마음먹었다. 두세 대를 팔기 위해 가격을 터무니없이 내리면서 "제발 사달라"고 구걸하기보다는 한 대를 팔지언정 제품의 가치와 그 가치에 상응하는 가격을 지키는 것이 맞는 길이라고 생각했다.

그 후 HK는 세일즈 접근 방식을 바꾸었다. 단순한 영업활동이 아닌 제품 가치를 전달하는 설명회와 교육에 매진했다. 영업사원으로서 세일즈 마케팅을 통해 당장의 판매 실적을 올리는 데 집중하기보다는 고객 입장에 서서 제품을 구매하고 활용했을 때 어떤 고부가 이익을 기대할 수 있는지를 알리는 데 전력했다. 제품이 고가일 수밖에 없는 이유(내재된 가치)를 부각하는 데 주력하고, 구매 결정권자뿐만 아니라 실제 제품을 사용할 일선 담당자들을 직접 찾고 만났다. 담당자들에게 제품의 성능과 가치를 상세히 설명하고, 잠재고객의 구매 욕구를 일으키는 소통 방법도 조언해주었다.

또한 제품 사용 중 문제나 의문이 생겨 도움이 필요할 때는 언제든 즉시 달려오겠다는 약속을 했고, 이를 지켰다. HK의 영업 방식은 즉효했다. 판매 대수가 증가함은 물론, 가격이 아닌 가치를 파는 과정을 통해 값진 관계를 얻게 되었다. 놀라운 일은, 단순한 물질이 아닌 가치로 연결된 관계가 구매자를 조력자로 만들어준 것이다. 긍정적 경험을 한 고객이 다른 고객을 연결해주고, 또 다른 고객으로 연결이 되면서 지속가능한 관계로 이어진 것이다.

'가랑비에 옷 젖게 만드는' 협상술을 길러라

협상을 시작하기 전부터 끝낸 후까지 사라지지 않는 긍정의 힘을 몸과 정신에 장착해라. 그대가 가진 긍정의 힘을 상대에게 전달해라. 긍정 마인드를 쉼 없이 주입해라. 1%의 가능성밖에 보이지 않는 상황에 놓일지라도 "1%의 가능성이라도 있음에 감사하다!"라고 되뇌고 되뇌라. 그 가능성을 상대에게 말로 전해라. 말한 것을 또 말하고, 계속 말해라. 실낱같은 희망이라도 그것은 여전히 희망이다. 희망을 놓는 순간, 절망의 블랙홀이 모든 것을 순식간에 빨아들인다는 사실을 기억해라.

그리고 스스로를 세뇌해라. '이루어질 수 있다. 이루어져야만 한다. 이루어질 것이다'라고. 그런 믿음이 토대가 된 협상은 힘은 들지언정,

결국 이루어진다. 그대의 믿음이 전 우주의 긍정 에너지를 모으면서 실낱같던 희망을 절대 끊기지 않을 굵고 단단한 동아줄로 만들어주기 때문이다. 물 한 방울이 모이고 모여서 단단한 바위에 구멍을 뚫듯이, 1%의 희망이 모이고 모이면 99%의 불가능을 뚫고 가능한 길을 열어줄 것이다.

정치술이 아닌 외교술로 승부해라

'함께 오래도록 손잡고 간다'는 상생을 꿈꾼다면 당장의 손익만을 따지는 정치술이 아닌 외교술이 필요하다. 대부분의 협상 과정 중에는 크고 작은 갈등이 발생한다. 최종 선택에 대한 의견이 쉽사리 일치되기 힘들기 때문에 이것은 당연한 현상이다. 갈등관리 스킬은 훌륭한 협상가가 반드시 갖춰야 할 능력이다. 갈등관리에 실패하면 기존에 수립된 관계마저 약화되거나 악화될 수 있다.

이해관계에서는 상호 기대감이 높아지고, 작은 갈등이라도 발생하면 높은 기대감이 순식간에 깊은 실망감으로 변할 수도 있다. 이때 신속한 갈등관리 능력이 절대적으로 필요한데, 그것이 바로 외교술이다. 임시방편 격의 해결이 아닌, 더디더라도 올바른 방법으로 갈등의 원인을 파악하고 근본적인 해결책을 제시하면서 쌍방 간에 긍정적인 합일점을 찾아가는 과정을 위해 반드시 필요한 능력이 외교술이다.

탁월한 외교 능력은 평행선으로 달리던 길이 서로 만날 수 있는 교차로를 놓아준다. 뛰어난 외교력이 바탕이 된 지혜로운 갈등관리는 전화위복이 되어 한층 더 끈끈한 관계를 낳고, 함께 오래갈 사람을 얻게 해준다. 훌륭한 외교술은 사람을 살리고 관계를 얻게 해주는 아름다운 능력이다.

13

먼저 좋은 사람이 되어라

Be a good person first

누구나 '좋은 사람'을 좋아한다. 우리는 좋은 사람이라는 말을 듣고 싶어 하고 좋은 사람이 되기를 원한다. "좋은 사람이란 어떤 사람을 의미하는가?"란 질문을 열 사람에게 한다면 그 대답은 열 사람 모두 다를 수 있다. "왜 좋은 사람이라고 생각하는가?"라고 이유를 묻는 질문에 명확하고 논리적인 답변을 선뜻 내놓지 못할 수 있다. 이렇게 각자의 머릿속에 그리는 '좋은 사람'의 모습은 모두 다를지언정, 우리는 어떤 사람이 좋은 사람인지, 좋은 사람의 모습은 어때야 하는지 가슴의 눈으로 보고 느낄 수 있다.

서비스제공자도, 고객도 모두 사람이다. 서비스제공자와 고객은 다양한 접촉(눈빛, 체온, 마음의 부딪침)을 통해 서로의 성향을 파악하고 기氣, energy를 느끼고, 말과 행동을 경험하면서 좋은 사람인지 아닌지를 판단한다. 그리고 좋은 사람이라는 판단이 서면 마음을 열고, 받아들이면서 신뢰감을 갖게 된다.

'좋은 사람'이 가진 힘은 무섭다. 작은 힘으로도 큰 위력을 발휘할 수 있다. 더 놀라운 것은, 좋은 사람의 에너지는 좋은 마음을 모으고, 부정의 기운을 긍정적으로 변화시키고, 굳게 닫혔던 마음이 활짝 열리게 하고, 꽁꽁 얼어붙었던 마음도 봄눈 녹듯 녹일 수 있다는 사실이다. **'좋은 사람'의 '좋은 마음과 행동'은 상상 그 이상의 '좋은 결과'를 가져다준다.**

90년대 초 K가 스위스 유학을 마치고 돌아온 후 5개월 계약직으로 첫발을 들인 호텔에서 거의 20년간 살아남을 수 있게 해준 힘은 업무능력과 스킬이 아니었다. 사랑을 주고, 사랑을 받는 '좋은 호텔리어'가 되겠다는 나름의 전략 덕분이었다.

좋은 GSO에게 열린 미래

K가 5개월의 하우스키핑 오더 테이커 포지션에서 프런트의 로비 GSO 유니폼으로 갈아입은 지 며칠 안 된 어느 날이었다. C고객은 생애 처음으로 한국을 방문했다. 일주일 정도 소요되는 회사 업무차

두 살도 채 되지 않은 아이를 데리고 서울에 왔는데, 모든 것이 낯설고 말 선 C고객에게 호텔 도착 첫날부터 이틀 동안 계속 불운만 따랐다. 낯선 사람들과의 업무 미팅도 힘든 데다가, 아이는 도착 첫날부터 심한 감기에 걸렸고, 본인은 시차 적응을 잘 못하면서 신경이 무척 날카로워져 있었다. 그 와중에 호텔서비스는 C고객의 니즈와 기대를 훨씬 밑돌고 있었다.

사건이 있던 그날, 막 출근한 K는 로비 당직 데스크에서 로그북log book에 특별한 인계 사항이 있는지 확인하고 있었다. 그러던 중 우는 아기를 가슴에 품고, 주체할 수 없이 화가 나 잔뜩 일그러진 얼굴로 데스크 쪽으로 다가오는 C고객을 발견한 순간 K는 두려움으로 얼어붙는 듯했다. 로비 GSO로 근무를 시작한 지 불과 며칠 되지 않았기에 GSO의 업무, 특히 컴플레인 핸들링 스탠더드를 미처 파악하지 못하고 있던 상태였기 때문이다. 당직 지배인도 마침 부재중이었다. K의 입장과 심정을 고객이 알 리 만무했다.

C고객은 로비가 떠나갈 정도로 소리를 지르며 체크인 순간부터 지난 이틀간 발생했던 불만 내용을 K에게 마구 쏟아부었다. 그러면서 자기가 가장 화나는 점은 호텔의 어느 누구도 자신에게 일어난 문제에 대해 진심으로 관심을 갖고 경청하면서 그것을 해결해주려는 노력을 전혀 하지 않는 것이라고 했다. 격앙된 목소리와 몸짓으로 여러 가지 불만을 토로했지만, K에게는 도착 당일부터 아프기 시작한 아기와 힘든 상황에 처한 고객을 대하는 호텔 직원의 공감 부재가 주원

인으로 보였다.

K는 엄마의 고성에 놀라 자지러질 듯 울고 있는 아기를 조심스레 받아 가슴에 품고 안정을 시키려 달랬다. 동시에 고객에게 공감의 표정과 눈빛을 담아 진심 어린 사과를 했다. 고객의 화가 진정되도록 돕는 것이 최우선이라고 생각했다. 고객의 입장에서 생각해보니 지난 이틀간 고객에게 일어났던 일이 자신과 아이에게도 일어났다면 정말 화가 치밀고 슬펐을 것이라는 생각이 들었다. 그런 심정으로 진심 어린 사과를 하고 난 뒤, 고객 표정과 몸에서 화난 기운이 점차 사그라드는 것을 확인하고는, K의 품 안에서 어느새 잠든 아기를 고객에게 안겨주었다. 그런 뒤 자신이 들은 불만 사항을 C고객과 하나하나 재확인하면서 메모를 했다.

화가 가라앉고 안정을 찾은 고객과 아기를 객실까지 직접 에스코트한 후, K는 메모한 내용을 토대로 즉시 실행에 들어갔다. 감기 기운이 있는 아기를 위해 하우스키핑에 연락해서 객실에 가습기를 최대한 빨리 설치하고, 여분의 티슈도 충분히 넣어달라고 부탁했다. 오더가 많고 바빠서 바로 딜리버리를 할 수 없다면 K 본인이 가져다드릴 테니 알려달라고 했다. 룸서비스 사무실로 뛰어가서 보온병에 뜨거운 물을 담아 고객 객실로 직접 올려드렸다. (그 당시에는 객실에 전기포트가 비치되어 있지 않았고, 룸서비스를 통해 핫 워터를 주문하면 서비스 요금을 추가로 지불해야 했다).

그 후 근무 시 한두 번씩 객실을 방문하고, 근무일이 아닌 날은 전화를 걸어 고객과 아이가 무탈한지, 특별식이 필요하지는 않은지, 기타 다른 도움이 필요치는 않은지를 지속적으로 확인하고 제공해드렸다. C고객이 체크아웃하고 출국하는 날, 아기와 많은 짐을 고려할 때 아무래도 공항까지의 센딩sending 서비스가 필요하겠다는 생각이 들었다. 그러나 무료 리무진을 제공할 권한이 없던 K는 당직 지배인에게 전후 사정을 설명하면서 간곡히 부탁을 했고, K의 바람대로 호텔 리무진 서비스를 제공받은 C고객은 아기와 함께 편안하고 안전하게 공항으로 갈 수 있었다.

이 일이 있은 지 약 한 달 뒤 K는 객실부장의 호출을 받았는데, 객실부장은 호텔 본사로부터 전달되어 온 A4용지 세 장 분량의 편지를 건네받았다. 편지에는 C고객이 한국 첫 방문으로 H호텔을 선택한 이유와 더불어 투숙 동안 겪은 일, 그리고 현재 자신의 생각과 기대 등이 아주 상세하게 적혀 있었다. 편지 내용을 요약하면 이랬다.

회사와 동료들이 한국에서 최고의 시설과 서비스를 자랑하는 호텔이라고 추천해서 큰 기대를 갖고 투숙했는데, 체크인 시점부터 기대에 한참 못 미치는 서비스를 받으면서 며칠 동안 정말 화가 많이 났고, 당장이라도 다른 호텔로 옮기고 싶었다. 그런데 다행히 GSO K를 만났고, 그때부터 남은 기간을 무사히 넘길 수 있었다. K는 먼 타국에서 막막하고 힘든 상황에 놓여 있던 나와 우리 아이에게 진심이 담긴 사려 깊은 서비스로 큰 감동을 주었다. 그녀는 실로 당신 호텔의 큰 자산이다. K로 인해 당신 호텔에 대한 기대감을 다시 갖게 되었고, 앞으로 계속 귀 호텔 체인을 이용할 생각이다. K와 같이 사람 마음에 깊은 울림과 감동을 줄 수 있는 진정한 서비스를 하는 직원들이 많아지기를 기대한다.

K는 이 편지를 읽고 처음에는 어안이 벙벙했다. '좋은 마음을 가진 사람(GSO)'이라면 응당 해야 할 일로 여겼고, 자신이 할 수 있는 일을 최선을 다해서 했을 뿐인데, 자신의 마음과 행동이 이토록 큰 칭찬을 부를 수 있다는 생각은 전혀 못 했던 것이다. 서비스제공자의 역할이자 의무라고 생각했고, 한편으로는 어려움에 처한 사람에게 측은지심과 역지사지의 마음을 갖고 도움의 손길을 내미는 것은 사람이라면 당연히 해야 할 일이라고 생각했던 것이다.

그런데 서비스제공자로서의 당연한 태도와 행동을 특별하게 봐주고 본사를 통해 최고의 찬사를 전해준 C고객에게 K는 놀라운 기쁨과 함께 진정 감사함을 느꼈다. 동시에, **비즈니스나 이해관계를 떠난 작지만 선한 행동이 감동을 일으킨다**는 중요한 사실을 깨달았다.

C고객의 편지는 새내기 GSO K의 미래를 열어주었다. K의 내면에 호스피탈리티의 DNA와 호텔리어의 피가 흐르고 있고, 미래가 이곳에 있음을 확실히 깨닫게 해준 것이다. 이 일을 계기로 K는 확고한 꿈을 가슴에 품게 되었는데, 그것은 '좋은 서비스 전문가'가 되어 '좋은 에너지'로 '좋은 느낌과 기쁨'을 공유하는 행복을 만들어가겠다는 꿈이었다.

모든 호스피탤러티·서비스 기업은 좋은 인성을 가진 서비스제공자를 원한다. 채용 시 업무 지식과 스킬, 경험도 물론 중요한 평가 항목이지만, '좋은 사람의 성향이나 태도, 가치관'을 갖고 있는지가 최종 선택의 판단 기준이 된다. 이에 반론을 제기할 사람도 있음을 안다. 그러나 호스피탤러티 정신의 본질적 가치를 중시하는 사람이라면 왈가왈부의 여지 없이 고객접점에서 서비스를 제공하는 사람은 반드시 '좋은 사람' 그룹에 속해야 한다는 것을 알고 있다.

'좋은 사람'의 옷을 입고 '좋은 사람'의 역할을 하는 것은 서비스 종사자의 숙명이다. **사람인 서비스제공자가 사람인 고객의 마음에 온전히 가닿는 상품과 서비스를 제공할 수 있는 능력만이 '좋은 고객서비스'를 만들어낼 수 있고, 이 양질의 서비스만이 고객감동과 긍정적 고객경험 창출로 이어질 수 있다.** 좋은 것은 좋은 결과를 낳고, 나쁜 것은 나쁜 결과를 낳는다는 말처럼 '좋은 사람'만이 '좋은 마음'의 결과를 얻을 수 있다.

tip

'좋은 사람'으로 양질의 휴먼 커넥션 형성하기

사람들과 좋은 관계를 맺고 싶다면 매일 한 가지라도 좋은 일을 해라

- 회사에서 동료에게 먼저 눈 마주치고 인사하기
- 우측통행 지키기
- 서 있는 방향으로 사람이 걸어올 때 한 발짝 뒤로 물러나주기
- 사람이 들어올 때까지 기다렸다가 나가기
- 뒤따라오는 사람을 위해 문 잡아주기
- 복도에 떨어진 휴지 줍기
- 사무실 휴지통 비우기
- 동료의 실수를 감싸주기
- 도움이 필요한 사람에게 먼저 손 내밀어주기

사람으로서의 기본 예의와 타인에 대한 배려심은 무심함과 무관심이 만연한 곳에서 더욱 돋보이고 빛나며, 그런 모습을 가진 사람을 누구나 '좋은 사람'으로 느끼고 존중하게 된다.

선과 악을 구분하고, 선을 시의적절하게 실행할 수 있어야 한다

순한 성향이지만, 분노해야 할 때 분노할 줄 알고, 예스라고 해야 할 때 예스를, 노라고 해야 할 때 노를 말할 수 있고, 옳은 것과 그른 것을 분별하는 능력이 있고, 수단과 방법을 가릴 줄 알며, 옳은 것을 지키려는 용기와 의지가 있고, 타인의 눈이 아닌 자기 양심의 눈을 무서워해야 한다.

최고가 아닌 최선을 택한다

자신이 걸치고 있는 옷의 용도와 무게를 정확히 알고 행동하며, 당당하되 겸손을 잃지 말아야 한다. 자신감은 넘치지만 결코 오만하지 않으며, 지식보다 지혜를 갈구하고, 혼자만 빨리 앞서기보다는 함께 손잡고 천천히 갈 줄 아는 가치관을 갖고, 일만 잘하는 것이 아니라 일도 잘하는 동료, 일 기계가 아닌 일하는 사람이 되어야 한다.

선물을 주는 사람보다 선물이 되는 사람이어야 한다

행동을 절제할 줄 알고, 행동에 진심과 신뢰가 묻어나며, 경청과 공감을 잘하고 어떤 상황에서도 긍정 에너지를 잃지 않으며, 마음으로 보고 들을 줄 아는 사람, 강한 비바람이 아닌 부드러운 미풍으로 두꺼운 옷을 벗게 만들 줄 아는 사람이 평생 지속될 진정한 휴먼 커넥션을 형성할 수 있다.

14

고객에게 갑질하지 마라

Don't be harsh to your guest

'갑질', 특히 '고객의 갑질'은 한동안 우리 사회의 큰 논란거리였다. 크고 작은 고객의 갑질 행태로 감정노동과 감정노동자를 보호해야 한다는 목소리가 높아졌고, 결국 2018년 10월 산업안전보건법 개정안으로 감정노동자 보호법이 시행되었다. 모든 감정노동자가 고객 응대 과정에서 일어나는 폭언, 폭행 등으로부터 법적 보호를 받을 수 있게 된 것이다. 이것은 사회 전반에 걸쳐 가치관이 변화하고, 더불어 서비스 · 감정노동 종사자에 대한 인식과 태도가 달라진 덕분이다.

한때는 호텔이나 식음료 등의 서비스직에 종사하는 것을 부끄럽게 여기고 숨기기까지 했던 시절이 있었다. 학력이 낮고 무능한 사람이나 하는 천한 일로 여겼던 것이다. 무엇보다 그 당시 '서비스'를 바라보는 사회적 인식이 문제였다. 서비스를 사는 사람은 '주인처럼' 행세해도 되고, 서비스를 파는 사람은 '하인처럼' 굽신거려야 한다는 그릇된 인식이었다. 주인인 고객이 하인인 직원에게 자기 감정에 따라 막대해도 문제없다는 착각이 만연했던 시절 얘기다. 오랫동안 이어졌던 이런 인식이 차츰 바뀌면서 오늘날에는 더 이상 통할 수 없게 된 것은 참으로 다행스러운 일이다.

주종 관계를 기반으로 나온 서비스는 좋은 서비스가 될 수 없다. 주종 관계 기반 위에 이루어진 서비스는 위압적이거나 위선적인 서비스로, 긍정적인 고객경험을 기대할 수 없다. 그렇기 때문에 현대의 서비스는 동등하고 상호 존중 관계를 바탕으로 이루어져야 하는데, 우리 사회의 인식이 점차 그 방향으로 가고 있음은 매우 바람직한 현상이라고 생각한다.

그런데 나는 작금의 서비스 현장에서 주종 관계가 사라진 것이 아니라, '주와 객'이 전도된 현상이 벌어지고 있음을 자주 목격한다. 주종 관계가 다시 살아나고 있고, 문제는 주와 종이 뒤바뀌어 '직원이 고객에게 갑질을 하는' 현상이다. 그야말로 서비스제공자가 주가 되고, 고객이 종이 되고 있는 것이다.

삼청동에 있는 이름만 대면 누구나 아는 식당이 있다. 하루 종일 대

기 줄이 길게 늘어서는 맛집으로 알려진 곳이다. 오랜만에 친구와 그곳에서 식사를 하기로 했다. 바쁜 식당이다 보니 셀프서비스를 도입해 각 테이블 위에는 두 종류의 김치가 담긴 통과 다른 양념 통을 올려놓고 손님들이 원하는 대로 이용하도록 했다. 음식이 나와서 한창 먹고 있는데, 서비스 직원이 우리 테이블로 다가오더니 양해의 말 한 마디 없이 갑자기 몸을 굽혀 테이블 안쪽에 놓여 있는 양념 통을 집어 들고 휭하니 떠나갔다. 당황한 친구와 나는 '이게 뭐지?' 하는 표정으로 서로 쳐다보았지만, 그냥 넘기고 식사를 계속 했다.

그런데 십여 분 후에 또다시 직원이 다가와서는 식사를 하고 있는 우리 머리 위로 팔을 뻗더니, 이번에는 안쪽에 놓인 김치통을 집어 드는 것이었다. 처음에는 참고 넘어간 S는 도저히 안 되겠다 싶어 "김치통 채우는 일은 손님이 간 후에 해야 되지 않나요?"라고 질문했는데, 이런 태도와 대답이 돌아왔다. '조용히 주는 밥이나 먹고 가지, 왜 내게 이래라저래라 하는 거야?'라는 표정을 짓더니 단호하게 "아뇨! 지금 해야 돼요!" 하고는 김치통을 손에 들고 홱 돌아서 가는 것이었다.

나와 친구는 어안이 벙벙해지면서 말문이 콱 막혔다. '이게 무슨 황당한 상황이란 말인가? 설사 식사 중에 손님이 먼저 리필을 요청했더라도 조심스러운 언행으로 서비스를 하는 것이 기본이다. 하물며 빈 테이블을 정리하는 것도 아니고, 공짜 밥을 얻어먹는 것도 아니고, 정당하게 값을 지불한 손님이 한창 식사를 하는 와중에 자기가 당장 해야 한다고 생각하는 일을 한마디 양해의 말도 없이 하고, 그것에 대해 손님이 이견을 내자 한마디로 묵살해버리는 직원의 갑질 행태를 어떻게 이해할 수 있을까?

특급 호텔 체크인 시의 일이다. 프런트데스크 리셉셔니스트에게 가서 "안녕하세요. 체크인하려고 왔는데요"라고 하는데, 직원은 못 들었는지 계속 컴퓨터에서 눈을 떼지 않았다. 좀 더 높은 목소리로 같은 말을 재차 건네자, 그제야 (눈은 여전히 컴퓨터에 고정한 채) 기본적인 인사말 한 마디 없이 기계적인 목소리로 "ID와 신용카드 주세요"라고 했다.

직원의 태도와 어투에 당황한 고객이 예약 번호를 말하려 하자 말허리를 자르면서 다시 ID와 신용카드 제시를 요청했다. 고객이 "적어도 얼굴은 보면서 얘기해야 되지 않나요?"라고 하자, 그제야 "컴퓨터로 지금 바로 처리해야 할 일이 있어서 그런 거예요"라고 메마른 목소리로 로봇처럼 대답하더니 재차 "체크인을 원하면 먼저 ID와 신용카드부터 제시하셔야 해요"라고 했다.

고객의 입을 완전히 틀어막은 것은 물론이고 본인이 하고 싶은 말, 해야 하는 말만 AI 같은 표정으로 앵무새처럼 반복했다. 특별한 예약이어서 자세한 설명이 필요했지만 직원에게 설명할 기회조차 갖지 못하고 마음이 상해버린 고객은 결국 당직 지배인을 불렀고 쓸데없는 시간과 감정적 에너지 소모를 해야 했다. 당직 지배인은 "요즘 직원이 너무나 부족하고, 업무량이 과중되다 보니 직원들이 스트레스를 많이 받고 있어서 그렇다"며 변명을 늘어놓았는데, 그 변명을 들으면서 씁쓸한 기분이 더해졌다. 그것은 올바른 값을 치르고 방문한 고객이 응당 받아야 할 기본 서비스도 제공하지 못한 결과에 대한 이유가 될 수 없기 때문이었다.

고객에게 약속한 서비스를 제공하는 것은 기본 중의 기본이다. 기대를 능가하는 서비스는 못할지언정 최소한 기본 서비스는 제공해야 할 의무가 있는 것이다. 의무를 다하지 못하고, 약속을 어긴 것을 미안해하고 부끄럽게 여기기보다 오히려 고객이 자신의 입장을 이해해줘야 한다고 믿는 태도를 보면 참으로 안타까운 마음이 든다. 그런 서비스 마인드로 "특급 호텔 서비스 프로 ○○○"라고 자신을 당당하게 소개할 수 있을지 의문을 품게 한다.

오랜 회사 생활을 하면서 스스로에게 선물을 해본 적이 거의 없던 O는 딸의 권유로 프리미엄 브랜드 상품 하나를 구매하기로 마음먹었다. 긴 시간을 기다린 후 매장으로 들어가려는데, O의 ID는 물론, 동행한 딸아이의 실물 ID도 요구했다. ID를 보여주지 않으면 매장에 들어올 수 없다고 했다. 또한 구매자와 마찬가지로 향후 일정 기간 매장에 들어올 수 없고, 당연히 물건을 구매할 수 없다며 위협적인 어투로 말했다. 나아가, 물건을 살펴보는 내내 매서운 감

시의 눈초리로 지켜보았고, 궁금한 것에 대해 질문을 하면 '우리 상품에 대해 잘 알지도 못하면서 왜 왔냐? 사려면 그냥 빨리 사고, 안 살 거면 대충 보고 나가라'는 무언의 압력을 담은 짜증스러운 태도로 건성건성 대답했다.

다행인지 불행인지 마음에 드는 상품이 있어 구매하기는 했지만, 판매직원의 '갑질' 태도로 O는 마음의 상처를 크게 입었다. 오랜 기간 갖고 싶어 했던 물건임에도 그것을 볼 때마다 자신을 무시했던 판매직원의 얼굴이 떠올라 기분이 상했다. 어떠한 상품 · 서비스라 할지라도 구매자로 하여금 기쁨과 행복감이 아닌 무시당하는 기분이 들게 하고 굴욕감마저 느끼게 하는 것은 옳지 않다. 고가 상품을 다룬다는 이유로 자기가 마치 고가인 양 고객을 향해 갑질 태도를 보인 직원의 책임도 크지만, 그런 행태를 묵과하거나 간과하는 기업에 더 큰 책임이 있다.

고객이 직원에게 하는 갑질은 받아들일 수 없는 부당한 행위다. 그러나, 기업과 직원이 고객에게 하는 갑질은 더 부당하다. 서비스 감정노동자 보호법의 근본 취지는 소위 '진상' 고객으로부터 부당한 취급을 당하는 좋은 서비스제공자들을 보호하기 위함이지, 서비스제공자의 거칠고 무례한 언행에 면죄부를 주고, 고객은 그런 행동을 무조건 이해해야 한다는 것이 아니다. 고객은 기업이 제시한 서비스를 구매하면서 그에 상응한 값을 지불한 사람이고, 기업과 서비스제공자는 고객에게 지불받은 값에 합당한 서비스를 제공할 의무를 갖고 있다.

대부분 크고 작은 매장과 상점, 식당 카운터에 표지가 놓여 있다. '직원도 누군가의 소중한 가족입니다. 직원에게 상처가 되거나 모욕감을 주는 말이나 행동을 삼가주시기 바랍니다'라는 내용이다. 서비스 기업 및 제공자가 고객에게 이를 정당하게 요구하려면 먼저 고객에 대한 갑질부터 멈춰야 한다. **서비스제공자가 고객에게 존중과, 서비스에 대한 감사를 기대하는 것처럼 서비스제공자도 고객에 대한 기본 예의를 갖추고, 고객 입에서 "고맙다!"는 말이 절로 나오게 하는 서비스를 해야 한다.**

15

신뢰는
획득하는 것이다

Trust is earned

회사 동료나 신입 사원들로부터 자주 듣던 말이 있다.

"내 매니저(또는 내 부서장)가 나를 안 믿는 것 같아요. 그래서 기운이 빠지고 일할 맛이 나질 않아요. 왜 신뢰하지 않는 거죠?"

그 말에 대한 나의 대답은 이렇다.

"그대가 신뢰받지 못한다고 느낀다면 신뢰를 얻지 못한 이유를 생각해봐야 한다. 신뢰는 받는 것이 아니라, 얻는 것이다"라고.

우리의 삶, 특히 프로페셔널 라이프에서 '신뢰'는 매우 중요하다. 신뢰의 기반 없이 지속가능한 것은 없다. 개인적인 일이든 또는 진지한 비즈니스 관계든지를 막론하고 오랜 기간 지속되기를 꿈꾸는 모든 일과 관계에서 신뢰는 필수다. 그런데 우리는 자주 '신뢰는 받는 것이다'라고 착각을 한다. 그래서 신뢰를 못 받는 경우 "왜 신뢰를 안 해주는 거야!"라면서 상대를 탓하게 된다.

신뢰는 받는 것이 아니라, 얻는 것이다. 상대가 주체가 되어 내게 주는 것이 아니라, 내 자신이 주체가 되어 신뢰를 획득해야 한다. 주기를 바라지 말고 스스로 나서서 얻어야 한다. 그래서 자신의 적극적인 행동이 따라야 한다.

현대인들은 지위 고하, 연령, 성별을 막론하고 한결같이 "시간이 너무 없어. 왜 이리 바쁜지 몰라"라는 말을 습관처럼 한다. 우리는 이런 세상에 살고 있다. 그래서 곁에 서 있는 다른 누구를 돌아보고 받아주고 챙기는 마음의 여유를 점점 잃어가고 있다. 모두들 인스턴트 만남에 의해 상대를 느끼고 판단한다. 물리적인 시간을 충분히 가진 만남일지라도 상대를 세심하게 관찰하고 이해하려 하지 않는 삶의 태도로 인해 서로가 신뢰를 주고받는 길이 더욱 막히고 있다. 이렇게 상호간의 신뢰 관계를 쌓기 힘든 상황이지만, 그럼에도 불구하고 인간관계의 가장 소중한 자산인 '신뢰'를 절대 포기할 수 없다. 특히 인간의 본질적 가치가 담긴 서비스로 고객 마음을 얻어야 하는 서비스제공자는 '신뢰 자산' 없이 지속가능한 성장과 성공을 꿈꿀 수 없다.

거의 20년 전의 기억이 새삼 되살아났다. 당시 최고의 VIP H씨와 함께 방문하는 L과 얽힌 이야기다.

여유로운 오후 시간의 EFL 데스크에서 다음 날 도착 예정인 고객 리스트를 정리하고 있던 매니저 P 앞에 L이 한껏 상기된 얼굴로 나타나서는 다짜고짜 "Can you see me?(나, 보여요?)"라고 물었다. 전혀 예상치 못한 질문에 P는 당황하면서 순간 답을 잃었는데, 연이어 L은 "Why everybody treats me like invisible person?(왜 모두 나를 투명인간 취급해요?)"이라고 물었다.

짧은 몇 초간이었지만, P는 L의 질문 속에서 화의 근원을 파악할 수 있었다. 그것을 깨달은 P는 얼른 사과부터 했다. 공감의 눈빛과 태도로 "우리가 당신을 알아주지 못해서 정말 죄송합니다", "의도적으로 한 행동은 결코 아닙니다만, 당신의 입장과 기분을 미처 헤아리지 못한 것은 저희의 불찰이고 잘못된 행동입니다. 정말 죄송합니다. 앞으로 무시당하는 기분이 들지 않으시도록 만전을 기하겠습니다"라고 진심 어린 사과를 했다.

그 후, 바로 GSO와 버틀러들을 대상으로 교육을 실시했다. VIP에게만이 아니라 동행한 사람 모두에게 동일한 서비스를 제공하고, 동반자의 입에서 "직원들이 VIP만 사람 취급한다"라는 말이 절대 나오지 않도록 해야 한다고 강조했다.

이 일을 계기로 L은 자기가 어렵게 꺼낸 말을 마음으로 경청하고 이해해준 P를 무한 신뢰하게 되었다. 고무적인 일은 L뿐만 아니라 모든 VIP와 동행하는 고객들이 "여기 직원들은 사람을 차별하지 않는다. 나도 VIP 대접을 받는 기분이 든다"라는 피드백을 주었고, P와 직원들의 말과 행동에 전적인 신뢰를 보내는 충성고객이 되었다는 사실이다.

신뢰는 완벽한 말과 행동에서 얻어지는 것이 아니라는 것을 서비스 현장에서 자주 깨닫는다. 고객의 신뢰를 얻지 못하는 것은 완벽하지 못해서가 아니라, 완벽한 척하거나, 완벽할 수 없음을 인정하지 않고, 실수를 감추려들고, 약속을 밥 먹듯 번복하는 행동 때문이다.

신입 서비스 직원의 실수로 실현 가능하지 않은 것을 제공하겠다고 고객에게 잘못 전달되는 경우가 간혹 발생한다. 이런 경우 고객 면전에서 지배인이 신입 직원을 거친 어투나 표정, 보디랭귀지로 꾸짖으며 "이 직원이 신참으로 아직 호텔 업무를 정확히 파악하고 있지 못해서 잘못 말씀드린 겁니다", "호텔 규정상 그건 안 됩니다", "어쩔 수 없지만 안 되겠습니다"라는 말로 구구절절 변명을 늘어놓으면서 모든 것을 동료나 회사 탓으로 돌린다면 고객은 이해는커녕 되레 기가 막혀 할 것이다. 고객은 지키지 못할 약속을 한 신입 직원이 아니라 지배인과 호텔에 더 화가 나고 실망을 하게 되고 불신을 품게 되는 것이다.

tip

신뢰를 얻는 길

- 자신을 온전히 보여야 한다. 신뢰는 그럴싸해 보이는 외면이 아닌, 진솔한 내면으로부터 얻어지는 것이다. 자기의 소신을 담아, 자기의 말과 생각과 행동을 할 때에 신뢰를 얻을 수 있다.

- 신뢰는 정직과 진실성으로부터 얻어진다. 울은 울이고 캐시미어는 캐시미어다. 레이온은 레이온이고 실크는 실크다. 서로 비슷해 보인다고 해서 울을 캐시미어로, 레이온을 실크로 둔갑시켜 팔면서 신뢰를 기대할 수 없다.

- 신뢰할 만한 말과 행동이 신뢰를 얻는다. 사람은 아무 말이나 행동에 신뢰를 하고, 믿음을 갖지 않는다. 믿음이 가는 말, 그 말과 일치하는 행동만이 신뢰를 얻는다.

- 행동이 따르지 않는 말은 불신을 부른다. 진실한 행동이 따르지 않는 말은 입발림이며, 화려한 미사여구일수록 더 큰 불신을 야기한다.

- 과장된 말과 행동을 삼가야 한다. 허세에서 나오는 말과 행동은 그나마 얻었던 신뢰마저 잃게 할 수 있다.

- 핑계와 변명은 신뢰를 멀어지게 한다. 다른 사람 핑계를 대면서 변명 같지 않은 변명을 구차하게 늘어놓는 것은 신뢰로부터 완전히 멀어지게 하는 행동이다.

- 약속한 것은, 비록 실수였다 할지라도, 최선을 다해 지키려고 노력해라. 최우선적으로 할 행동은 실수를 인정하는 것이다. 도저히 실행할 수 없는 일이라면 실언이었음을 솔직하게 고백하면서, 다른 대안을 제시하고 고객의 이해와 동의를 구하는 데 전력해야 한다. 이런 과정을 통해 신뢰를 회복하고, 나아가 더 큰 신뢰를 얻을 수 있다.

16

세상에 공짜는 없다

There's no such thing as a free lunch

특급 호텔 컨시어지 H는 스마트하고, 뛰어난 외모와 언변에 센스까지 갖춘 그야말로 '타고난 컨시어지'로, 고객과 동료들 모두로부터 최고의 컨시어지라는 칭찬을 받아왔다. 뛰어난 업무 능력과 고객서비스로 'Best employee of the month'(이달의 최우수 직원)와 'Best employee of the year'(올해의 최우수 직원)까지 받았다. 그런 H가 어느 날 갑자기 '사직'을 했고, 며칠이 지난 후에야 사직 사실을 알게 된 동료들은 깜짝 놀랐다. 누구보다 호텔리어로서의 일을 좋아했고, 최고의 컨시어지라고 자부하면서 평생 호텔리어로 남을 거라고 입버릇처럼 말해왔던 그였기에 스스로 사직했다는 것이 믿기지 않았다. 한참이 지난 후에야 이유가 알려졌다.

H는 몇몇 고객들과 아주 친밀한 관계를 이어왔는데, 이 관계가 도를 넘어 위험한 관계로 발전했고 급기야 공과 사의 구분을 못할 정도가 되었다. 고객은 고가의 선물 공세로 H의 마음을 샀고, H는 그에 대한 보답으로 적합한 절차나 승인 없이 고객에게 갖가지 무료 서비스를 제공했던 것이다.

사실 서비스제공자와 고객은 때때로 감사를 담은 작은 선물을 주고받는다. 어려운 일을 도와준 직원에게 립스틱이나 양말 등을 선물하거나, 명절에 떡을 돌리거나, 직원들이 업무에 쫓겨 식사를 거르는 것을 보면 피자나 김밥을 사다주기도 하는 고객의 마음을 거절할 수 없다. 고객의 순수한 마음과 배려를 느끼는 직원들은 그에 대해 감사하며 받아들인다.

서비스 직원 또한 감기로 고생하는 고객에게 인삼차나 쌍화차를 무료로 제공한다거나, 외국인 고객이 통역을 필요로 할 때 GSO가 무료 서비스를 제공해드린다거나, 체크아웃이 지연되는 바람에 비행기 시간이 빠듯해 초조해하는 단골고객에게 정식 승인을 받아 무료 리무진 서비스를 제공하기도 한다.

그러나 H와 고객 간의 일은 상식선을 넘어선, 결코 일어나선 안 되는 부당한 일이었다. H의 행동은 아주 작고 사소한 것으로 시작되었는데, 그것이 감당하기 힘든, 아니 감당할 수 없는 상황까지 발전하리라는 생각은 못 했던 것 같다.

안타까운 점은, 그 결과에 대한 책임이 온전히 H가 감당해야 할 몫이라는 것이다. 추후에 들은 얘기지만, 관련된 고객은 H에게 전혀 강요한 적도 없고 당연히 고객에게 제공할 수 있는 서비스를 받고 있을 뿐이라고 생각했다고 한다. 더 황당한 것은, 관련된 고객들이 H로부터 받아왔던 '말도 안 되는 특별 서비스'를 더 이상 누리지 못하게 된 데 대해 크게 항의했고, 그걸 이유로 결국 타 호텔로 옮겨갔다는 사실이다.

H의 잘못은 수단 방법 가리지 않고 고객 마음을 사려고 했고, 그것을 통해 자신의 입지를 굳히면서 승승장구하겠다는 어리석은 판단과 행동만이 아니었다. 가장 큰 잘못은 고객을 스포일spoil시키고, 이로 인해 올바른 수단과 방식으로 서비스하는 동료들이 부당하게 욕먹게 하고, 호텔에 단골고객을 잃는 손해를 입힌 일이었다.

이 사건을 계기로 호텔과 직원 모두 값진 교훈을 얻었다. 경영진은 '고객과 직원 간의 올바른 관계 형성의 중요성'을, 직원들은 자신의 지속가능한 미래를 위해서는 '고객과의 적절하고 올바른 거리 유지'가 가장 중요하다는 사실을 재인식하게 되었다. 무엇보다 '이 세상에 공짜는 없다'는 사실을 새삼 깨닫는 계기가 되었다.

"고객 컴플레인은 절대 없게 해야 돼. 컴플레인을 받는 순간, 네 미래는 사라지는 거야!"

계약직 K가 입사 첫날부터 귀에 못이 박히게 들어온 말이다. '컴플레인'이란 단어는 두려움과 공포로 다가왔고, K의 머릿속은 온통 '어떻게 해야 컴플레인을 피할 수 있을까?'란 생각뿐이었다.

계약직 직원이 정규직으로 가는 길을 막고, 일반 직원이 승급이나 승진을 할 수 있는 길을 차단하며, 상사에게 불려가 몇 시간 동안 혼쭐이 나게 만드는 고객 컴플레인. 두려움의 대상인 컴플레인을 받지 않는 방법을 여우처럼 잘 알고 있는 지배인들은 기막히게 피해 다녔고, 경험 많고 스마트한 선배들은 멀리서 컴플레인할 것 같은 고객이 다가오는 것을 보면 얼른 신입 직원을 총알받이로 세워놓고 안 보이는 곳으로 사라졌다. 이런 지배인과 선배들 덕분에 K는 어쩔 수 없이 매일 크고 작은 다양한 컴플레인을 핸들링해야만 했다. 그러던 중 K는 문득 깨달았다. '컴플레인은 두려워하고 피해야 할 대상이 아니라 오히려 고마워해야 할 대상'이라는 것을!

처음 컴플레인을 받았을 때 K는 온몸의 피가 빠져나가듯 머릿속이 하얘지는 두려움에 떨면서 뭘 어떻게 해야 할지 몰랐다. 하지만 그런 상황을 열 번 겪고 스무 번 넘기고, 그렇게 횟수가 거듭되면서 어느덧 K는 컴플레인과 친해지게 되었다. 수없이 많은 경험을 통해 컴플레인의 속성을 온전히 이해하게 되고, 이를 통해 '슬기로운 컴플레인 핸들링법'을 깨달을 수 있었다. 더욱 놀라운 일은, **긍정적인 컴플레인 핸들링은 고객의 감사와 칭찬, 나아가 감동까지 부르는 반전을 일으킨다**는 점이었다.

K는 지금도 생각한다. 계약직이었던 자신이 다른 선배 계약직원들과 달리 비교적 단기간에 정규직이 되고, 빠른 승진을 할 수 있었던 것은 많은 컴플레인을 겪어냈기 때문이라고. 자신이 축적한 고객서비스 노하우와 통찰은 물 흐르듯 스무드smooth한 서비스 과정이 아닌 힘들고 어려운 컴플레인 핸들링 과정에서 얻어진 것이라고. 아주 까다롭고 힘든 컴플레인 상황에 놓일 때마다 K는 스스로에게 이렇게 말하며 힘을 북돋았다.

'오늘 또 다른 배움의 기회를 갖는구나! 이 시간을 통해 한 단계 더 성장하겠지! 그래, 서비스 프로가 되기 위해 반드시 필요한 단련의 시간이 될 거야!'

tip

세상에 공짜는 없다

대가가 따르지 않는 배움은 없다

컴플레인할(하는) 고객으로부터 도망치지 마라. 인생의 쓴맛을 보지 않은 사람은 인생에 대해 논할 자격이 없듯이, 고객의 쓰디쓴 컴플레인을 핸들링해보지 않은 사람은 진정한 고객서비스 정신에 대해 논할 자격이 없다. 힘들고 두렵다고 도망치다 보면 늘 도망만 다녀야 하고, 결국 얻는 것은 '재빨리 도망가는 법'뿐이다.

서비스 전문가를 꿈꾼다면 까다롭고 어려운 고객과, 힘든 상황도 기꺼이 겪어내고 반전시키면서 고객의 입에서 "도와줘서 고마워요!"가 나오게 만드는 방법을 터득해야 한다. 폭풍우 속을 뚫고 살아남은 사람만이 극복하는 방법을 말할 수 있다. 80만큼 힘든 고객을 맞을 때는 100만큼 힘든 고객이 아님에 감사하면서 최선을 다해라.

강철은 단련을 통해 탄생된다

까다롭고 요구사항이 많은, 즉 '기대가 높은 고객'을 대면해야 할 때 먼저 감사해라. 누구나 이해심이 많고 인격을 갖춘 고객에게 서비스하고 싶어한다. 힘든 고객과 대면하고 싶어 하는 직원은 없다. 하지만 서비스 전문가를 꿈꾸는 그대는 힘들고 까다로운 고객을 자주 대면하고 극복해야 한다. 이해심 많고 기대가 높지 않은 고객을 상대하는 일은 서비스 프로가 아닌, 서비스를 전혀 모르는 아마추어도 할 수 있다.

서비스 전문가나 프로가 필요한 이유는 기대가 하늘을 찌를 듯 높고, 자신의 호불호가 명확하고, 이해심보다는 이기심이 많은 고객을 상대하면서 그들의 닫혔던 마음이 열리게 하고, 얼었던 심장을 순식간에 녹일 수 있는 능력 때문이다. 특히 프리미엄 명품 서비스를 구매하는 고객의 기대는 당연히 높을 수밖에 없다.

아마추어는 높은 기대를 가진 고객을 지나치게 까다롭고 예민하다고 말한다. 그러나 고객 생각은 다르다. 기대에 상응한 값을 지불했기에 자신이 높은 기대를 가질 자격이 있다고 생각한다. 서비스 전문가라면 고객의 기대를 100% 읽고 이해하고, 기대에 부응하면서 감동을 일으키는 서비스를 제공할 수 있는 능력을 갖춰야 한다. 이 능력은 높은 기대를 가진 고객을 서비스하면서 체득하는 것이므로 그 기회를 제공해준 기대가 높은 소위 '진상' 고객에게 감사해야 한다.

17

칭찬과 친해져라

Give and receive compliments with grace

‘한국인은 칭찬에 인색하다’는 주장에 이의를 제기할 사람이 거의 없을 거라 생각한다. 우리는 칭찬을 하거나 받는 것에 익숙하지 않다. 서로에게 힘이 되고 기분 좋은 말임에도 ‘칭찬’을 잘 하지도 받지도 못하는 것이 우리 모습이다.

그 이유를 생각해보면 우선, 사람의 장점을 찾아내고 상대에게 그 점을 알리고 표현하는 말이나 행동을 잘 못하는 성향 때문이다. 지난 30년 동안 고객과 직원 등 수없이 많은 사람들과 대화를 하면서 깨닫게 된 사실은, 대부분이 자신 또는 타인의 단점이나 부족한 점에 대해서는 아주 정확히 파악하고 있는 반면, 장점이나 남다른 점에 대해서는 거의 알지 못하거나 관심 없는 태도를 보인다는 것이다.

잘하는 점을 알아주고 칭찬하면서 더 강화하기보다는 부족한 점을 부각하면서 그것을 향상하는 데만 에너지를 집중하는 것이다. 언뜻 보면 당연하고 필요한 것처럼 보이지만, 사실 결코 옳지도 생산적이지도 않다. 일반적으로 약점을 보완하기 위해 전력투구를 한다 해도 거의 대부분 평균 수준에 그치기 때문이다. 반면, 동일한 시간과 노력을 강점을 강화하는 데 쏟는다면 타의 추종을 불허하는 탁월한 수준으로까지 끌어올릴 수 있다.

또 다른 이유는, 한국인의 핏속에는 '겸손해야 된다'는 강박이 녹아 있다는 사실이다. '겸손'을 최고의 미덕으로 여긴다. 그래서 우리는 자신이 잘했고, 잘하고 있는 일에 대해서 스스로 알아주려고 하지 않고, 남들의 칭찬에는 "별것 아닌데 칭찬을 받으니 송구스럽습니다"라면서 자세를 낮추는 것이 겸손한 사람이 가져야 할 태도라고 생각한다.

물론 "오른손이 한 일을 왼손이 모르게 하라"는 성경 말씀처럼 자신이 어쩌다 한 티끌만 한 선행을 동네방네 떠벌리는 것은 아름다워 보이지 않는다. 그러나 칭찬받을 만한 일을 했고 자부심을 가질 만함에도 불구하고 자기를 무조건 낮추거나 스스로에게 너무 엄격한 잣대를 대면서 완벽하지 못하다는 이유로 자신을 칭찬하지 못하는 사람 또한 결코 아름답지 않다. 이런 성향과 강요된 겸손으로 인해 우리는 자신과 타인을 칭찬하는 데 인색하다.

A는 누가 봐도 뛰어난 서비스 프로이자 매니저다. 훌륭한 서비스 정신과 올바른 태도를 갖추고 있고, 무엇보다 강한 책임감과 성실성으로 매사 최선을 다했다. 그런 역량을 가진 A지만 부족한 점 또한 있었는데, 자신감과 자존감이 절대적으로 부족했다. A가 지나치게 다른 사람의 피드백에 온 신경을 곤두세우고 있는 것을 지켜보면서 알게 되었다. A는 고객이나 상사, 동료가 칭찬해줄 때만 자존감을 느꼈다. 반대로 사람들이 자기를 알아주지 않고 칭찬해주지 않을 때는 자신감을 잃고 의기소침해졌다.

주기적으로 A와 일대일 미팅을 할 때마다 단골로 나오는 첫 문장은 "제가 잘하고 있는지 모르겠어요…"였다. 나는 한껏 내려앉은 어깨를 하고 (아마도 본인은 겸손한 태도를 보이고 싶다는 의도를 갖고 그랬는지 모르지만) 이렇게 말하는 A의 모습이 참 딱했다.

"왜 그렇게 생각해?"라는 나의 물음에 A의 대답은 이랬다.

"아무도 제게 잘한다는 말을 해주지 않으니 제가 잘하고 있는 건지 모르겠어요. 제 서비스에 대한 확신이 생기지 않아요…."

이 말을 듣는 나는 너무도 안타깝고 슬픈 마음이 들었다. A의 대답은 겸손한 마음에서 나온 말도 아니고, 그렇다고 자신이 정말 일을 잘하는지 못하는지를 몰라서도 아니었다. A는 심각할 정도로 '타인의 칭찬'에 목말라 있었던 것이다. A가 열심히 하는 이유는 '타인의 인정'을 받기 위함이었다. 그래서 자기 생각에 충분한 정도의 칭찬과 인정이 없으면 갖고 있던 자신감을 잃고 급기야 자존감까지 상실하는 상태에 놓인다.

더 심각한 것은, A의 '칭찬에 대한 목마름'은 자신의 동료나 팀원들에게 '칭찬에 인색함'으로 표출된다는 점이다. **인정과 칭찬에 늘 목말라하면서도 스스로를 칭찬하지 못하는 사람은 남을 칭찬하는 데도 인색할 수밖에 없다. 자신에게 없는 것을 타인에게 베풀고 나눌 수는 없기 때문이다.**

A와의 미팅을 마치면서 나는 이렇게 조언했다. 아니, 간곡히 부탁했다.

"그대에게는 다른 누구도 아닌 그대 자신의 칭찬이 무엇보다 필요하다! 그대가 잘한 일은 그대가 가장 잘 알고 있다. 작은 것이라도 잘한 일이나 행동을 맘껏 칭찬하면서 다음에 더 잘할 수 있는 에너지로 전환해라. 0에서 곧바로 10을 만들어내지 못했다고 칭찬할 것이 없다 하지 말고, 1이라도 만들어냈다면 스스로에게 큰 박수를 보내라. 비록 1이지만 그것이 10을 만드는 원동력이 된다는 사실을 기억하면서 2를 만들고 3을 만들어나가야 한다. 작은 성과라도 낼 때마다 큰 박수로 스스로를 칭찬해줘라. 그런 그대에게 타인의 칭찬과 인정은 목마르게 찾아야 할 것이 아닌, 자연스레 따라오는 당연한 결과물이 된다."

tip

매일 칭찬하기

칭찬을 습관화해라

"말 안 해도 알지!"라거나 "꼭 말로 해야 알아?"는 소위 '꼰대들의 소통법'이다. '열 길 물속은 알아도 한 길 사람 속은 모른다'는 속담처럼 말로 하지 않으면 서로의 마음을 알기 힘들다. 감사하다는 말과 함께 칭찬도 반드시 말로 표현하고 행동으로 보여줘야 한다.

매일 칭찬하는 습관을 들여라. 습관習慣의 습習 자는 어린 새가 둥지를 벗어나 하늘로 훨훨 날아오르기 위해 백 번 이상의 날갯짓을 반복한다는 의미다. 이렇듯 매일 백일 동안 반복하면 어느새 '칭찬하기'가 몸에 배면서 숨을 쉬듯 자연스러운 일이 될 것이다.

칭찬으로 사람의 기를 살려라

칭찬하고 칭찬받는 것에 익숙해져라. 자신도 타인도 칭찬할 수 있는 사람은 사람의 기를 살리고, 나아가 사람의 마음을 얻게 된다.

칭찬으로 관계를 맺어라

누구나 칭찬받을 점을 갖고 있다. 단점과 부정적인 점을 보지 말고, 장점과 좋은 점을 찾아서 그것을 칭찬하면 칭찬을 받는 사람은 물론 칭찬을 해준 사람의 마음 또한 훈훈해진다.

"그대의 활기찬 에너지가 옆 사람 기분까지 업시켜준다"라거나 "항상 미소 띤 얼굴이 정말 보기 좋다"라든가, 심지어 업무 습득이 뒤처지고 손발이 느린 신입 직원에게조차 "매일 아침 사무실에 들어오면서 '좋은 아침입니다!' 하고 인사하는 그대 덕분에 사무실 분위기가 달라졌다"고 칭찬할 수 있다.

비록 작고 사소한 것이라도 칭찬할 점을 찾아내는 눈과 마음을 갖고 칭찬의 말로 직접적으로 표현하는 일은 자신과 타인 모두에게 중요하다. 칭찬을 통해서 긍정적 관계를 맺을 수 있기 때문이다.

매일 스스로를 칭찬해주어라

큰일을 맡아 하면서 큰 칭찬만을 받으려고 애쓰기보다는, 사소하고 작은 일 하나라도 제대로 올바르게 실행했다면 그것을 해낸 그대 자신을 한껏 칭찬해주어라. 작은 일이 쌓여 큰일을 이루고, 작은 성공이 쌓여 큰 성공을 이룬다. 거대한 성은 거대한 바위 하나로 세워진 것이 아니라, 손바닥 크기의 작은 벽돌이 쌓이고 쌓인 결과물임을 기억해라. 작은 성공을 쌓는 즐거움을 모르는 사람은 결코 진정한 성공의 기쁨을 누릴 수 없다. 매일 작은 성공을 쌓으면서 한 단계씩 성장해나가는 그대를 누구보다 큰 박수로 칭찬하고 격려해주어라.

결과를 내지 못했어도 여전히 칭찬해라

수단 방법 가리지 않고 낸 결과에 대해 다른 사람은 몰라도 스스로는 부끄러울 수 있다. 반면 결과를 내지는 못했지만, 올바른 수단과 방법으로 최선을 다했다면 결과에 상관없이 박수와 칭찬을 받아야 한다. 부당한 수단 방법에서 나온 부끄러운 결과보다는 정당한 방법과 올바른 과정을 택했다면 칭찬받아 마땅하다. 그런 멋진 모습을 보인 그대와 타인에게 결과와 상관없이 뜨거운 격려의 박수와 칭찬을 아낌없이 보내라.

관대한 눈과 마음을 가져라

우리는 인간이고 인간은 불완전하다. 죽는 날까지 완전함을 추구하면서 살아가는 인간일 뿐이다. 완전하지 않고 완벽하지 못해서 칭찬을 못 한다면 우리 모두는 결코 칭찬을 주지도 받지도 못하는 삶만을 살아야 한다. 100% 완벽한 결과를 못 냈어도, 완전한 결실을 내지 못해도 괜찮다. 긴 길의 여정 위에서 칭찬할 일은 여전히 무수히 많다. 칭찬할 일이 없어서 못 하는 것이 아니다. 칭찬할 만한 일을 찾는 눈과 볼 줄 아는 마음이 없기 때문이다. 지나치게 엄격한 눈과 마음은 인간관계를 삭막하고 황폐하게 만들 뿐이다.

타인의 인정에 목말라하지 마라

현대 디지털인은 아주 드라마틱한 일이나 사건이 아니면 쉽게 돌아보지 않는다. 칭찬과 인정에 인색하다. 안타까운 현실이지만 그렇다고 억지 칭찬을 강요할 수도 없다. 더구나 타인이 칭찬해주는 말이 없다고 그 책임을 스스로에게 전가하지 마라. 칭찬의 말을 듣지 못한다고 해서 그대의 어깨와 자존감을 낮추는 것은 어리석은 행동이다. 자신이 행한 일의 결과는 스스로가 가장 잘 안다. 못한 일에 칭찬을 기대하거나, 잘한 일에 칭찬이 없다고 불평한다면 스스로를 부끄럽게 여겨라.

칭찬노트를 작성해라

무슨 일을 했을 때 스스로 칭찬하고 싶었는지, 어떤 상황에서 스스로 잘했다고 생각하고 자부심을 느꼈는지 자세히 적어라.

피로감에 젖어 어깨가 축 처진 팀원에게 슬쩍 다가가 "오늘 같이 '맛점'할까? 뭐 먹고 싶어?" 했다.

심한 감기로 회사에 출근하지 못한 장기 투숙객을 위해 고객이 좋아하는 생강레몬차를 준비해 직접 객실로 가져다드리면서 "제 마음을 듬뿍 담았으니 금방 회복하실 거예요!"라는 센스 있는 유머로 고객을 미소 짓게 만들었다.

체크인과 아웃이 많은 날이 연속되면서 완전히 지쳐 있는 하우스

키핑 메이드들에게 "잠시 쉬지도 않고 부지런히 룸 메이크업 해주신 덕택에 저희 직원들이 고객 컴플레인 없이 무사히 체크인할 수 있었음에 감사하다"는 말과 함께 에너지 드링크를 돌렸다.

같은 입사 동기들에 비해 뒤처진 업무 습득과 잦은 실수로 인해 선배들의 눈총을 사고 있는 후배에게 "나도 처음엔 그랬어. 하지만 포기하지 않고 최선을 다해서 노력하다 보면 좋은 날이 올 거야!"라고 용기를 북돋아주는 말을 건넸다.

이런 마음 씀씀이, 이런 말과 행동을 누구나 할 수 있는 것은 아니다. 이런 말과 행동은 힘들고 지친 가슴에 기쁨과 희망을 주는, 크게 칭찬받을 만한 일이다. 대단한 업무 성과가 아니어도, 소소하지만 남들이 안 하거나 못하는 일을 매일 실행하고, 그것을 상세히 기록해라.

또한 칭찬받은 내용도 빠짐없이 기록해라. 그대의 선한 말과 행동을 고스란히 담은 기록은 한 달 쌓이고, 일 년 쌓이고, 십 년 이십 년 쌓이면서 그대 호스피탤러티 정신의 뿌리가 되고, 서비스 전문가로서의 성공을 이루는 근간이 될 것이다. 그 결과로 그대 주변에는 사람들(고객과 동료)이 자연스럽게 모여들고, 지속가능한 인간관계human connection를 맺는 기쁨을 만끽할 것이다.

18

노잼 is 노땡큐!

Nojam is no thank you! (Humour makes heart open)

"사람들은 어떤 사람에게 매력을 느끼고, 함께 있고 싶어 할까?"

이 질문에 다양한 답변이 나올 텐데, 요즘 젊은 친구들 생각을 들어보면 예쁘고 잘생긴 사람이 아니라 한결같이 '재미있고, 웃음을 주는 사람'이라고 답한다. 이런 모습에서 인간적인 매력을 느낀다고 한다. 이것은 비단 MZ세대만의 생각은 아닐 것이다. 나이, 성별을 떠나서 유머가 있고, 즐거움을 주고, 대화를 지루하지 않게 풀어가는 사람에게 누구나 호감을 느낀다.

이것은 개인적인 관계에서뿐만 아니라 고객과의 관계에서도 마찬가지다.

꽤 오래전, 오퍼레이션 부서에서 매니저 역할을 할 때 단골고객과 장기 투숙객을 대상으로 '선호하는 직원'에 대한 설문조사를 실시한 적이 있다. 호텔에서 주기적으로 실시하는 공식적인 고객 의견 조사와는 별개였고, 순전히 개인적인 호기심에서 시작되었다. VIP 담당 지배인으로서 호텔을 자주 방문하는 고객들이 직원에게 기대하는 바가 무엇인지, 어떤 모습을 선호하는지를 아는 것이 중요하다는 생각에서 출발했다. 같은 사람으로서 고객이 기대하는 직원의 태도와 역량을 정확히 파악하고, 그 점을 강화하는 교육을 통해서 더 나은 고객 서비스를 제공하기 위함이었다.

사실 나는 설문조사 전에 나름의 조사 결과를 예상하고 있었다. 구술 형식으로 이루어진 질문에 '친절한 직원, 외모가 단정한 직원, 고객 요청에 즉각 응대하고 도와주는 직원, 책임감이 있고 성실한 직원, 프로다운 모습을 갖춘 직원' 등과 같은 응답이 다수일 거라 생각했다. 그러나 결과는 완전 달랐다. '스스럼없이 대화하고 싶게 만드는 직원, 즐거움과 웃음을 주는 편안한 직원, 유머와 센스가 있는 직원'이 1위로 나온 것이다.

'신중함과 성실성을 바탕으로 신뢰받는 서비스 프로'를 꿈꿔왔던 내게 큰 충격을 준 결과가 나오긴 했지만, 매우 의미 있고 가치 있는 조사였다. 이 설문조사를 통해 고객이 기대하는 서비스 직원의 모습과 역량이 무엇인지를 깨달을 수 있었기 때문이다. 서비스 매니저와 부서 교관Departmental Trainer으로서 '사람의 마음을 움직이는 진정한 서비스 전문가'의 모습에 대해 진지한 고민을 하고 있던 차였기에 예상치 못한 결과에 대한 충격도 컸지만, 한편으로는 진정 감사한 마음이었다. 조사를 하지 않았다면 결코 알지 못했을 내용으로 당시의 내게 반드시 필요했던 성장통을 겪는 기회를 주었고, 미성숙한 서비스 아마추어 모습에서 탈피하고 성숙한 서비스 전문가의 길로 들어서는 계기를 마련해주었기 때문이다.

서비스 전문가가 반드시 갖춰야 될 역량은, '먼저 가까이 다가가고 싶게 만들고, 편안하게 해주고, 마음을 활짝 열게 하고, 함께 이야기 나누고 싶은 마음이 들게 하고, 아무에게도 말할 수 없는 속내를 털어놓게 하는 능력'이라는 것을 알게 된 것이다. 이 깨달음은 고객서비스 분야에서뿐만 아니라 20년간 인적자원 경영과 교육을 담당하는 동안 더욱 소중한 가치로 자리매김했다.

tip

노잼에서 탈출하기

- 고객은 일 잘하는 직원보다 재미있고 유머러스한 직원을 선호한다는 것을 기억해라.

- 유머 감각은 길러질 수 있다. 고객은 개그맨을 기대하지 않는다. 하이앤로 개그high & low gag를 능숙하게 하는 개그맨의 능력이 없다고 실망하지 마라. 그대만의 유머 감각을 기르면 된다.

- 유머와 위트를 담아 공감하는 능력과 공감을 이끌어내는 능력으로 감동을 일으켜라.

- 정곡을 찌르는데 아프기보다 오히려 통쾌하고 시원함을 선사하는 유머 감각을 길러라.

- 슬픈 마음에 웃음이 깃들게 하고, 우울한 가슴에 기쁨이 스며들게 하는 유머 감각을 길러라.

- 그대 스스로 즐기지 못하는 유머는 유머가 아니다. 또한 혼자만 박장대소하는 유머도 유머가 아니다.

- 깊이와 격이 있는 유머는 가슴 깊숙이 가닿으면서 감동적인 순간을 만든다. 이 순간들이 상호 간에 깊은 유대감을 형성하는 기반이 된다는 것을 기억해라.

- 고객 맞춤형 유머를 통해 웃음과 즐거움을 창출해라. 맞춤형 유머

의 시작은 상호 이해와 교감이다.

- 아무도 지루한 사람을 좋아하지 않는다. 반면, 누구나 유머 감각을 가진 스토리텔러를 좋아한다. 재미있고 관심 있는 주제에 대한 스토리텔링은 항상 통한다. 진실에 기반한 스토리텔링은 언제나 사람 마음을 강하게 끌어당긴다.

- 스토리텔링은 매일 핫이슈나 스토리를 준비하는 데서 시작된다. 말초적이고 일회성의 씁쓸한 미소를 자아내게 하는 가십성의 저급한low class 스토리가 아니라, 고객의 순수한 관심과 마음을 끌어당기는 품격 있는high class 스토리를 준비해야 한다.

- 고객 불만 응대 시 유머 감각이 더욱 필요하다. 진솔하고 진정성이 담긴 유머 감각과 센스로 상황을 반전시킬 수 있다.

나의 경우 노잼 탈출을 시도하고 위에 열거한 내용을 하나하나 고민하고 실천하면서 스스로의 모습이 변해가는 것을 느꼈다. 우선 외적으로 나타난 모습이 훨씬 여유롭고 편안해졌다(고객과 동료들이 실제 전해준 피드백이었다). 내면의 모습 또한 크게 달라졌다. 이해심과 소통

력이 강화되었고, 무엇보다 웃음이 많아졌다. 고객, 동료들과 재미있는 대화를 하면서 자주 웃었고, 웃을수록 내면에 기쁨과 즐거움이 가득하게 되면서 주위로부터 "케이트와 대화하고 나면 기분이 좋아진다!"라는 말을 듣게 되었다.

컴플레인 상황에서 더욱 돋보인 유머! P가 H호텔에서 근무할 때 "객실이 너무 작다. 특히 화장실은 너무 작아서 몸을 옆으로 틀기도 힘들 정도다"라고 불평하는 고객을 자주 응대해야 했다. 참으로 난감했다. 실제로 일반 객실 사이즈는 경쟁 호텔과 비교했을 때 변명의 여지도 없이 작았고, 이에 대한 고객 불만은 어쩌면 당연했는데, 이것은 서비스 직원이 노력한다고 해결될 문제가 아니었다. 그래서 객실 사이즈에 대한 컴플레인이 나오면 직원은 무조건 고개를 조아리며 기어들어가는 목소리로 "경영진에게 리포트하겠습니다"라고 답변하는 수밖에 별도리가 없었다.

P는 이런 대답을 반복해야 하는 상황이 너무 안타까웠고, 이 문제에 대한 접근법을 달리해야겠다고 마음먹었다. 역지사지를 떠올리며, 자신이 고객의 입장에 서 있다면 뻔하고 천편일률적 답변이 아닌 뭔가 '다른 리액션'을 기대할 거라는 생각이 들었다. 고객 입장에서는 '일개 직원인 내가 해결할 수 없는 일이니 내게 불평하지 말고 호텔 경영진에게 직접 얘기해라'라는 속셈이 담긴 직원의 답변에 어쩌면 더 화가 났을 수도 있겠다는 생각이 들었다. 고객이 비

록 불만을 토로하긴 하지만 하루아침에 객실 사이즈를 넓히는 것은 불가능한 일임을 너무 잘 알고 있다. 단지 자신의 불편함을 말로 토해내면서 직원이 자기 마음을 이해하고 공감해주길 기대하는 것뿐이라는 것을 깨달았다.

"맞습니다, 고객님. 저도 완전 동감합니다! 객실, 특히 화장실이 너무 협소해서 불편을 느끼시는 것은 당연합니다. 저같이 체격이 왜소한 사람에게도 객실이 정말 작게 느껴지는데… 만일 할 수만 있다면, 제가 지금 당장 망치를 들고 가 벽을 부숴서라도 고객님의 불편을 해소해드리고 싶은 마음입니다. 하지만 현재로서는 가능치 않은 일이니… 이런 말씀을 들을 때마다 저희도 울고 싶은 심정입니다. 호텔 경영진이 현재 이 문제의 심각성을 인식하고 있고, 열심히 해결 방안을 찾고 있습니다만… 아무래도 시간이 필요한 것 같습니다. 하지만, 저의 능력 내에서 한 가지 약속해드릴 수 있습니다. 고객님이 다음에 방문하실 때 가능하다면 큰 객실로 업그레이드를 해드려 좀 더 편안한 투숙을 하실 수 있도록 도와드리겠습니다."

이 내용을 말할 때 한 단어, 한 문장마다 그에 맞는 눈빛, 얼굴 표정, 몸짓, 어투와 목소리 톤을 갖추는 것이 중요하다. 마냥 진지하고 무겁지 않아야 하고, 그렇다고 한없이 가볍고 날아갈 듯 말해서도 안 된다. 고객은 자신의 입장을 십분 이해해주는 P의 말과 태도에 일단 마음이 누그러진다. 동시에, 불가능한 일임에도 "벽을 부숴서라도 객실을 넓혀 고객에게 편안함을 드리고 싶다"는 P의 재치 있는 말과 팔을 걷어붙이면서 마치 당장 벽을 부숴버릴 듯한 진지하면서도 '웃픈' 제스처로 보여주는 '공감'에 고객의 기분이 점차 풀어진다.

객실 구조와 시설에 대한 컴플레인을 서비스 직원이 해결할 수 없음을 알면서도 일종의 푸념을 하는 것인데, 자신의 입장을 이해하고 마음을 헤아려준 P의 태도에 고객의 화는 풀어지고 얼굴에는 미소가 번진다. P의 센스 있는 답변과 유머러스한 제스처가 분위기를 전환한 것이다. 그리고 마지막 단계에서는, 고객의 기분을 업 시킬 수 있는 가능한 대안을 제시하면서 고객감동을 이끌어낸다. 고객 컴플레인을 고객감동으로 반전시키는 단계다.

"그래, P가 무슨 죄야. 이 일은 회사 경영진이 근본적인 대책을 세우고 풀어가야 할 문제지! 이런 컴플레인을 허구한 날 받아야 하는 직원들 처지도 참 딱하네! P가 내 입장을 이해해주고, 다음에 올 때 업그레이드를 해준다니 말이라도 고마워!"라고 말하며, 어린애 같이 불평을 늘어놓은 자신을 무색하게 만들지 않고, 나아가 솔깃한 대안까지 제시해준 P에게 진심이 담긴 감사와 너털웃음으로 화답한다.

Where is Butler Y? Y는 EFL의 버틀러였다. 처음 Y와 함께 일을

시작할 때 나는 왜 고객들이, 특히 외국인 고객들이 버틀러 Y를 자주 찾는지 그 이유를 몰랐다. 외모가 특출나지도, 영어가 능숙하지도, 서비스가 특별히 뛰어나지 않았음에도 Y는 고객들 사이에서 최고의 인기 버틀러였다. 동료들과 생각이나 행동도 좀 다르고, 실제 업무적인 실수도 자주 하면서 직원들 사이에서는 소위 '4차원'으로 통하고 있었다.

지배인으로서 최고의 서비스를 제공하는 EFL 팀을 만들고 싶었던 나는 직접적인 고객 피드백을 듣는 것이 중요하다고 생각했고, 그래서 고객과 자주 티타임을 가졌다. 그럴 때마다 모든 단골고객과 장기 투숙객들이 이구동성으로 '시간 여유가 있을 때 차 마시면서 대화하고 싶은 직원' 1순위가 버틀러 Y라는 것이었다.

표현만 달랐지, 그 이유는 모두 동일했다. "너무 재미있고, 내가 하는 이야기도 잘 들어주고, 무엇보다 진정한 공감이 담긴, 때로는 썰렁한 유머로 나를 웃게 해주고 기분 좋게 만들어준다. 특히 피곤하고 지친 하루 끝에 와인 한잔하면서 버틀러 Y와 대화하는 것이 최고의 힐링이다"라는 대답이었다. 프리미엄 럭셔리 호텔에서 버틀러의 역할은 매우 중요하다. 버틀러는 VIP 라운지에서 VIP 고객서비스를 담당하는 역할을 맡고 있다. 그래서 호텔 식음료 부문에서의 다양하고 오랜 경험과 투철한 프로 의식을 가진 캡틴 직급 이상의 직원에게 버틀러로 불릴 자격이 주어진다.

그런데 버틀러로서의 Y는 사실 다른 동료 버틀러들과는 사뭇 달랐고 동료들 간에서 골칫거리로 치부되고 있었다. 업무나 미팅 시간도 잘 지키지 않고, 실수도 잦아서 동료들로부터 자주 핀잔을 들었다. 그러나 자신의 실수와 잘못을 순수하게 인정하는 솔직함과 인간적인 유머와 행동은 상황을 심각하게 몰아가기보다는 긍정적으로 전환시키면서 결국 주위 사람들과 동료들을 미소 짓게 만드는 놀라운 능력을 갖고 있었다. 버틀러로서는 평균 이하의 업무 지식과 스킬을 갖고 있었지만, 진실성과 솔직함을 바탕으로 한 센스와 유머 감각으로 고객들의 마음을 사로잡으면서 긍정적 고객경험을 선사하는 직원이었다.

업무 능력이 제아무리 탁월하고 박학다식한 사람이라도 재미가 없으면 매력이 없고, 인간적인 매력이 없으면 사람이 따르지 않는다. 사람의 마음을 끄는 진정한 유머 감각은 서로에 대한 진정한 이해와 배려에서 비롯된다. '정말 재밌다'는 느낌은 '공감하는 마음'으로부터 나온다. 공감을 부르지 않는 유머는 죽은 유머다.

19

물관리가 중요하다

Peer experience matters

근묵자흑近墨者黑, 검은 먹을 가까이하면 자신도 검게 물든다. 검고 어두운 곳에 있는 사람은 검고 어둡게 변하기 쉽고, 반대로 희고 밝은 곳에 있으면 희고 밝게 될 것이라고 해석할 수 있다. 인간은 사회적 동물이다. 자신이 속한 사회와 환경의 지배를 받고 그에 따라 얼마든지 변할 수 있다.

훌륭한 스승에게서는 훌륭한 학생이 배출되고, 지혜롭고 인품 좋은 어머니 밑에서는 지혜롭고 인품 좋은 자식이 나올 가능성이 높다. 옛말에 있듯이 콩 심은 데 콩이 나오고 팥 심은 데서 팥이 나오길, 또 좋은 콩을 심어야 좋은 콩이 나오길 기대할 수 있다. 누렇게 시들어가는 떡잎이 아닌, 푸르고 싱싱한 떡잎에서만이 견실한 가지와 건강한 어른 잎이 자랄 수 있는 것이다. 그래서 모두가 기왕이면 좋은 환경과 분위기를 찾는 것이 인지상정이다. 주변에 따라 언제든 변할 수 있는 것이 인간의 속성임을 알기에 누구나 좋은 분위기와 환경 속에 머물기를 원한다. 그것을 얻기 위해 큰 값이나 시간을 기꺼이 지불하는 것이다.

H호텔의 피트니스 클럽 O는 지은 지 오래돼 시설이 낙후되었고 공간도 협소해서 단순히 시설만 비교하자면 타 호텔에 비해 경쟁력이 한참 떨어졌다. 협소하고 낙후된 시설 때문에 회원과 투숙객들의 컴플레인이 잦았다. 그럼에도 불구하고 클럽 O의 회원권 가격은 특급 호텔 중 최고가였고, 팔고 싶어도 판매할 회원권이 없을 정도로 매진 상태였다. 많은 고객들이 회원권 가격에 상관없이 구매하길 원했고, 대기자 명단에 이름을 올려놓고 목이 빠져라 기다렸다. 호텔 경영진과 담당자들은 즐거운 비명을 지르면서도 고객의 구매 욕구가 어디서 비롯되고 있는지 정확히 알지 못했다.

시간이 흐르면서 의외의 이유가 드러났다. 고객들의 높은 구매 욕구는 매우 단순하고 일차원적인 이유로부터 비롯되었는데, 당시 내로라하는 저명인사나 유명인들 대다수가 H호텔 클럽 회원권을 소유하고 있었기 때문이다. 클럽 O의 평생회원이 되면 대단한 사람들이 속한 커뮤니티의 일원이 되고, 수시로 클럽을 이용하면서 멤버들과 자연스럽게 교류하면서 끈끈한 관계를 맺을 수 있는 특권(?)을 갖게 된다는 점을 노린 것이다. 무리해서라도 클럽 회원권을 갖는다면 그것은 ROI가 엄청난 투자가 되고, 동시에 자신의 사회적 위치도 업그레이드될 수 있다고 믿었다.

이런 욕심은 누구나 가진 인간의 심리이기에 탓할 수 없다. 기왕에 선택을 해야 하고, 크게 무리가 없다면 조금이라도 자기에게 이득이 되고, 자신을 특별한 사람으로 보이게 하는 장소와 사람들 곁에 있고 싶은 것이 보통의 마음인 것이다.

자기 자체로 형성되는 '인상'人相도 물론 중요하지만, 주변 환경과 분위기, 주변 사람들로 인해 만들어지는 후광 효과Hallo effect 또한 간과할 수 없다. 무엇보다 중요한 사실은, 사람은 누구나 주위 환경과 분위기에 휩쓸리며 서로 간에 영향을 주고받는다는 것이다.

이러한 관점에서 호스피탤러티 · 서비스 기업은 필히 '물관리'를 해야 한다. 좋은 사람들이 모이는 분위기와 환경을 조성하고 어필해서 고객들 간에 '거기는 물이 좋다', 즉 '친해지고 싶은 사람들이 많이 모인다'라는 말을 하게 만들어야 한다. 이것이 고객 간의 경험 품질peer experience quality management에 만전을 기해야 하는 이유다. 철저한 물관리를 통해 고객과 직원 관계만이 아닌, 고객 간에 서로의 존재에 대해 감사하고, 상호 긴밀한 유대감을 형성하면서 지속가능한 관계를 이어가고 싶은 마음이 들게 하는 장을 제공해야 한다.

tip

관계 형성을 위한 장 만들기

좋은 분위기와 환경은 좋은 사람의 마음과 손길로부터 탄생됨을 기억해라

화려한 시설과 값비싼 그림으로 만든 분위기는 '찰나'에 그칠 수 있다. 소위 '물이 좋은 곳'을 만들고 싶다면 좋은 사람들이 머물게 해라. 좋은 서비스제공자가 좋은 고객을 부르고, 좋은 고객만이 다른 좋은 고객을 부르고 머물게 할 수 있다.

상호 존중하고 교감하는 관계 형성에 집중해라

서비스제공자는 고객과 기업만이 아닌 고객과 고객 간에 끈끈한 유대감을 형성할 수 있는 분위기를 조성해야 한다. 특히 프리미엄 서비스를 기대하는 고객은 주변에 어떤 사람(고객들)이 방문하고 머무는지에 아주 예민하고, 그에 따라 자신의 태도와 행동이 달라지며, 나아가 그에 영향을 받아 향후 구매행동을 결정한다. 그러므로 고객과 고객 간에 대화와 미소가 끊이지 않는 분위기를 만들고 다지는 데 전력해라. 고객과 고객이 서로에 대한 존중을 바탕으로 교감하면서 돈독한 관계를 맺을 수 있는 분위기를 조성하는 것은 충성고객 확보의 지름길이다.

고객 간에 긍정적 경험이 이루어질 기회를 제공해라

- 자주 방문하는 단골고객이나 장기 투숙객을 소개하는 자리를 만들어 상호 관계를 형성할 수 있도록 해라. 고객의 생일파티나 기념일에 생일 케이크나 와인을 객실에 넣고 끝나는 것이 아니라, 라운지나 미팅 룸에 소소하지만 마음이 듬뿍 담긴 생일 파티를 준비하고 다른 고객들도 초대해서 함께 축하하는 이벤트를 열어라. 이런 이벤트를 단지 VIP에게만이 아니라 보통 고객들에게도 제공한다면 기업과 서비스제공자는 예상치 못한 놀라운 결과를 보게 될 것이다.
- 월별 또는 분기별 감사 리셉션을 통해 고객 간의 대화와 교류의 장을 제공해라. 이 장은 고객 상호 간에 유익한 정보나 도움을 주고받는 긍정적 관계로 발전할 수 있는 계기가 된다.
- 시티 투어나 문화예술 공연 관람에 단골고객을 초청해서 고객들이 함께 즐기면서 추억을 쌓는 시간을 제공해라. 함께 즐기고 감동을 나눈 시간은 누구나 잊지 못한다.
- 명절이나 연말에 단골고객이나 장기 투숙객의 가족을 초청해서 함께 즐기고 기쁨을 나눌 수 있는 이벤트를 기획해라. 외국인이 다수라면 한국 전통문화와 놀이를 체험할 수 있는 행사를, 내국인들에게는 외국의 연말연시를 경험할 수 있는 행사를 기획한다. 이런 이벤트는 호텔에 대한 긍정적 인상과 더불어 고객 가족 간의 관계 형성에 도움이 된다. 특별한 날, 특별한 놀이를 함께 즐기면서 최상의

고객경험을 서로 주고받는 것이다.

장기 투숙 중인 K고객이 난감한 얼굴 표정으로 라운지에 앉아 있는 모습을 발견한 GSO S는 염려스러운 표정으로 다가갔다. K고객의 보통 모습은 밝은 표정에 주변까지 환하게 밝혀주는 활기찬 에너지를 갖고 있었기에.

"무슨 일이 있으시냐?"고 묻는 S에게 K고객은 해외에 사시는 부모님께서 오랜만에 아들 얼굴도 보고 서울 구경도 하고 싶다고 하시면서 이번 주말에 도착 예정이라고 했다. 글로벌 컨설팅 회사의 시니어 파트너로 일하는 K고객은 홍콩에 거주지가 있었고, 부모님은 미국에 살고 계셨다. 당시 서울에서 진행되는 프로젝트를 담당했던 K고객이 서울에서 체류하는 동안 부모님이 겸사겸사 방문하고 싶어 하신 것이다.

문제는 K고객이 프로젝트 관련 미팅으로 인해 부모님이 방문하시는 주말 동안 전혀 시간을 낼 수 없는 상황이라는 것이었다. K고객의 난감한 상황을 들은 S는 주저 없이 부모님만 괜찮으시다면 자기가 시간을 내겠다고 했다. 토요일은 오전 근무고 일요일은 마침 쉬는 날이니 부모님이 원하시면 시티 투어와 쇼핑을 함께할 수 있다고 했다.

K고객은 진심으로 고마워했다. 서울 방문이 오랜만이신 부모님도 '서알못'(서울을 알지 못하는) 아들보다 S가 자신들과 동행하며 시간을 함께해주겠다는 말에 무척 흡족해했다. 시티 투어와 쇼핑은 성공적이었고, S는 K고객과 부모님으로부터 진심 어린 감사 편지를 받았다.

또한 K고객의 동료들과 다른 고객들까지 "고객의 입장을 진심으로 이해하고, 개인 시간까지 내어 고객과 그의 가족을 기꺼이 도와주는 마음은 정말 감동이다"라는 칭찬을 받았다. 이 일은 그 장소에 진정한 호스피탤러티 정신이 깊이 뿌리내리고, 사람들이 와서 머물고 싶게 만드는 계기가 되었다.

20

물건이 아닌 가치를 팔아라

Sell values, not goods

기업의 경영자들에게 "당신 기업은 지금 무엇을 팔고 있는가?"라는 질문을 던진다면 다양한 상품과 서비스의 상표나 이름이 거론될 것이다. 고객과 소비자들에게 "당신은 지금 무엇을 사고 있는가?"라는 질문을 던져도 비슷한 대답이 나오리라 생각된다.

이 두 질문을 나에게 던진다면 나의 답은 이렇다.

"기업과 소비자 · 고객 간에 사고파는 것은 궁극적으로 '가치'다."

세상에 완벽한 상품과 서비스는 존재하지 않는다. 모든 상품과 서비스는 완벽을 추구할 뿐, 완벽할 수 없다. 보는 이의 시각과 관점에 따라 상대적인 평가를 받고, 그 결과에 따라 때로는 상위에 때로는 하위에 놓이게 된다. 타 제품이나 서비스와 지속적으로 비교되고, 기업에서 책정한 가격과 별개로 소비자·고객에 의해 상대적인 값이 매겨진다. 'A제품은 B제품에 비해 딱히 나아 보이지 않는데 가격은 훨씬 높다거나, C호텔은 D호텔에 비해 더 비싼 객실료를 받으면서도 객실 상태나 서비스는 그 값을 못한다'는 등의 비교를 당하면서 '정성적 값'qualitative value이 매겨지는 것이다.

중요한 점은, 정성적 가격은 '감성 가치' 평가의 결과라는 사실이다. 경쟁사 제품에 비해 성능이 월등해서 고가일 수밖에 없는 최첨단 제품이라 할지라도, 구매를 고려하는 고객이 이 제품의 기능이 별로 필요치 않거나 성능과 품질에 대한 이해가 부족하다면 비슷한 성능과 품질을 갖고 있으면서 상대적으로 저렴한 타사 제품을 선택하게 된다. 제조원가와 제품 성능을 기반으로 기업이 책정한 가격과, 고객이 갖고 있는 가치 판단 기준에서 나온 가격 사이에 분명한 차이가 있는 것이다.

어느 것이 옳고 그른지는 객관적으로 따지기 힘들다. 기업과 고객·소비자의 입장이 다르기 때문이다. 그러나 한 가지 분명한 것은 물건이나 서비스 자체와 값에만 초점을 맞추면 결코 고객 감성 가치를 높일 수 없고, 지속가능한 기업-고객 관계를 맺기가 힘들다는 점이다.

현대의 기업경영과 소비자 행동 양식이 보이는 두드러진 특징이 있다. 기업의 목표는 단연코 '지속가능경영'이고, 고객·소비자 행동 양식은 '팬덤·마니아 소비'다. 오늘날의 기업과 소비자는 일회성이 아닌 상호 간의 길고 끈끈하게 지속되는 관계를 기대한다. 서로를 지지해주면서 함께 가는 상생이 결국 이익이라는 걸 잘 알고 있는 것이다.

이런 관점에서 기업은 제품과 서비스 자체만이 아니라, 그 속에 내재된 가치를 팔 수 있어야 한다. 그래야 내재된 가치를 알게 된 고객·소비자는 기업이 제시한 가격을 기꺼이 받아들이면서 구매를 하고, 나아가 지속적인 재구매 의사를 갖게 된다. 가치를 파는 능력이 없는 세일즈맨은 영업 목표를 달성하지 못하는 이유로 "경쟁사에 비해 우리 제품이 너무 고가여서 팔 수가 없다"라거나 "경쟁사에 비해 우리 객실이 너무 작고 레스토랑도 올드하고, 게다가 직원 서비스에 대한 SNS 평도 좋지 않아 영업하기 정말 힘들다!"라는 불평과 핑계만을 늘어놓는다.

반면, 자신이 팔 상품과 서비스에 내재된 가치를 파악하고 제대로 전달하는 능력을 갖춘 영업사원의 세일즈는 다르다. 자사 상품과 서비스에 녹아 있는 가치를 정확히 이해한 후 타사 제품과의 차별성을 확실하게 부각함으로써 진정한 고객가치를 만들어낸다.

고객 감성 가치가 형성되면 거의 대부분 실제 판매로 이어지는 결과가 따라온다. 가치를 만들고 파는 능력과 열정을 가진 세일즈맨은 '어떤 금액을 제시해야 경쟁사가 아닌 우리 제품·서비스를 살까?'가 아닌 '어떤 가치를 부각해야 목표 고객의 마음을 얻을 수 있을까?'를 고심한다.

tip

가치 만들기

'관계 가치'를 형성해라

단순히 눈에 보이고 손에 만져지는 제품이나 서비스가 아닌, 사람과 사람 사이에 형성되는 '관계 가치'를 팔아야 한다. 제품이나 서비스에 따라오는 무형의, 그러나 아주 소중한 관계 형성의 가치는 사람이라면 누구나 원하는 최고의 가치다. 고객에게 제품과 서비스를 파는 데 그치는 것이 아니라 인간적인 관계를 맺고, 관계 유지를 통해 기쁨과 행복을 주고받는 것이 최고의 세일즈다.

수직적 관계에서 수평적 관계로 발전하는 가치를 창출해라

가치 공유와 공감 위에 형성된 관계는 기업과 고객의 수직적 관계가 아니라, 사람과 사람 간의 수평적 관계로 이어질 수 있다. 수평적 관계가 이루어지면서 상호 존중과 신뢰감이 쌓일 때 지속가능한 관계로 발전하게 된다.

'감성 가치'를 전해라

값을 능가하는 가치, 값을 매기지 못하는 가치를 만들어내라. 값을 지불한 만큼 받았다고 생각되면 "만족해"라고 말하지만, 돈으로 살 수 없는 가치를 받았다고 생각되면 고객은 감동한다. 마음과 영혼에 와 닿는 무한 값의 감성 가치를 느꼈기 때문이다.

Why에 답해라

고객의 입과 표정에서 끊임없이 나오는 "왜 이 가격을 내야만 하죠?"라는 질문에 대한 답을 제시할 수 있는 능력을 갖춰야 한다. 가격을 파격적으로 내리면서 판매를 꾀하는 영업은 일회성 매출을 통해 당장의 목표는 달성하겠지만 결국은 외면당한다. 고객의 'Why'에 대한 솔직하고 진정성 있는 답을 제시하면서 가치를 만들고 팔면 "아, 그래서 가격이 더 비쌀 수밖에 없겠네요"라는 공감을 얻을 수 있다.

가치 있는 서비스로 엮어라

고객은 가치를 만들어내는 서비스제공자를 원한다. '풍요 속의 빈곤'처럼 서비스는 난무해도 가치 있는 서비스를 경험하는 것은 쉽지 않다. 고객은 서비스 가치를 만들어내는 서비스제공자에게 의존하게 된다. '고객에게 의존했던 관계'가 '고객이 의존하는 관계'로 발전하게 된다. 그리고 고객은 이렇게 애원한다. "내가 여기 오는 동안은 절대 그만두면 안 돼! 그대가 없으면 내가 힘들어져"라고.

본질적 가치로 고객 감성 가치를 높여라

G고객은 장기 투숙객이었다. 거의 1년간 H호텔에 묵으면서 같은 직

원의 서비스를 받는 것에 진력났는지 마침 새로 오픈한 호텔을 경험해보고 싶다고 했다. K지배인은 고객의 의견을 존중하고 G고객이 M호텔로 옮기는 데 문제가 없도록 적극 도왔다.

매우 독특하고 호불호가 확실한 고객이었기에 사실 대다수의 직원들이 G고객의 결정을 무언으로 환영했다. 체크아웃할 때 고객과 직원들 서로가 앞으로 전혀 만날 일이 없을 것처럼 마지막 감사 인사를 나누고 서로의 안녕을 빌어주었다.

그런데 얼마 지나지 않아 놀라운 일이 생겼다. 새로운 호텔에 대한 기대와 설렘으로 상기된 모습으로 떠났던 G고객이 겨우 한 달 만에 다시 돌아온 것이다. 반가움보다는 놀라움이 컸던 직원들과 K지배인은 G고객의 마음이 왜 바뀌었는지 너무도 궁금했다. 돌아온 지 며칠 후, 라운지에서 여유롭게 차를 마시고 있던 G고객에게 K지배인이 다가가 서울에 처음 선보인 프리미엄 브랜드 호텔에서 투숙했던 경험에 대해 여쭈었다. 여러 면에서 오래된 H호텔보다 나을 텐데 어떤 이유로 돌아오시게 되었는지를 조심스럽게 물었다. 이 질문에 G고객은 이렇게 대답했다.

"프리미엄 브랜드 호텔답게 최신식 시설을 갖추고, 객실도 훨씬 넓고, EFL 식음료 서비스도 좋고, 수영장과 피트니스 클럽 시설도 비교가 안 될 정도로 좋고, EFL 직원들도 모두 상냥하고 친절했지만… 그곳에는 K와 그대 팀이 없더라!"였다. 그 말 뒤에 이렇게 덧붙였다.

"여기 있을 때는 입만 열면 모두가 알아서 챙겨주고 척척 해주었는데, 거기서는 필요한 게 있을 때마다 매번 일일이 설명하면서 부탁해야만 하는 상황이 너무 피곤했고, 무엇보다 설명을 해도 잘 못 알아들어 정말 짜증났다"며 "이번 일을 계기로 눈이 즐겁고 몸이 편한 것은 잠깐이고, 마음 편한 것이 제일 중요하다는 사실을 깨달았다"면서 계면쩍은 웃음을 지었다.

G고객은 서울에서 사업을 접을 때까지 H호텔에 머물며 K와 직원들의 서비스를 즐겼다. 그리고 까다롭고 힘든 고객이 아니라 누구보다 직원들 입장을 이해하고 배려해주는, 직원들의 '최애' 고객이 되었다.

21

고객을 읽으면 숫자는 따라온다

Read the customer and the numbers will follow

“돈! 돈!” 하면서 돈만 좇으면 돈은 점점 더 멀리 도망친다는 말이 있다. 이 말처럼 숫자에만 집중하고 숫자만 외치고 다녀도 원하는 숫자는 따라주지 않고 오히려 멀어지는 경우를 왕왕 목격하게 된다.

‘성과=숫자 맞추기’ 공식에 사로잡혀 있는 미성숙한 경영자가 주재하는 부서장 미팅을 들여다보자.

“어제 매출이 전날 대비 얼마가 떨어졌고, 고객만족지수가 전월 대비 얼마가 떨어졌고, SNS ‘좋아요’ 클릭 수가 경쟁사 대비 얼마밖에 상승이 안 되었고, 고객 불만 사항이 전주 대비 얼마나 늘었는지….”

끊임없이 나열되는 빨간색(-) 숫자에 모두 의기소침해진다. 간혹 파란색(+) 숫자를 접한다 하더라도 그 숫자를 올려야 하는 부담감에 하루 일과를 시작하기도 전에 벌써 마음이 무거워진다.

성숙하고 지혜로운 경영자라면 연일 계속되는 야근으로 심신이 지쳐 있는 부서장들에게 “좋은 아침입니다! 새날을 맞을 준비가 되어 있습니까? 다들 알다시피 아쉽게도 어제는 목표치를 달성하지 못했고, 오늘도 쉽지 않겠지만 ‘할 수 있다’는 믿음과 열정으로 최선을 다합시다!”라는 힘찬 응원의 말로 희망찬 하루를 시작하게 할 것이다.

‘숫자는 숫자에게 관심 없는 척할 때 가까이 다가온다. 숫자를 말하지 않을 때 숫자가 내게 말을 건다. 숫자가 아닌 고객에게 관심을 기울이고, 숫자를 읽는 것이 아니라 고객 니즈를 읽을 때 숫자는 어느덧 우리 곁에 와 있다.’

이것은 말의 유희가 아니다. 숫자를 무시하고 아예 신경 쓸 필요 없다는 의미도 아니다. 오직 숫자만을 입에 달고 살고, 모든 관심은 숫자의 오르락내리락에만 쏠려 있고, 숫자에만 목숨 거는 태도가 잘못되었다는 것이다. 숫자를 부르짖고 짜내고 쪼면 일회성이나 단기간의 목표 달성은 이룰 수 있겠지만, 장기간의 지속가능한 성과는 기대하기 힘들기 때문이다.

숫자만 보는 경영진이나 서비스제공자는 고객과 직원을 숫자로만 본다. '오늘 목표한 매출을 달성하게 해줄 고객이 몇 명이나 올지, 저녁 식사로 몇십만 원을 지출할 만한 고객인지 아닌지, 프런트데스크 에이전트 M이 업셀링upselling으로 100만 원 이상을 달성할지 못 할지, 서비스 평가에 9~10점을 줄 고객인지 아닌지…' 등을 머릿속으로 계산하며 상대를 대한다.

숫자만 보는 경영자와 서비스제공자의 허점은 사람을 사람으로 보지 않고 숫자를 가져다줄 사람인지 아닌지의 시각으로만 본다는 점이다. 고객이 필요로 하는 것이 무엇인지에 대한 진정한 관심이 없기에 결국 정확한 니즈나 기대를 파악하지 못한다.

더욱 안타까운 사실은, 말로 표현되지 않았지만 서비스제공자의 속물적인 생각이 고객에게 고스란히 전해진다는 것이다. 이런 속셈을 가진 직원에게 원하는 숫자를 순순히 내어주는 고객은 없다. 뻔한 속셈에 자신이 이용당하는 기분이 들면 쓰려고 예정했던 돈도 거의 안 쓰고, 평균 이상 매기려던 평가 점수도 최저로 내리는 게 인지상정이다.

숫자는 인간의 심리를 정확히 읽는 데서 얻어진다. 10만 원이 아니라 단 1만 원밖에 안 쓰는 고객일지라도 서비스제공자가 정성이 가득 담긴 서비스를 제공한다면 오래가고 지속가능한 숫자가 따라올 것이다. 오늘 1만 원을 쓴 고객이 감동받아 충성고객이 되고, 끊임없이 방문하면서 점점 더 많은 돈을 쓰고, 나아가 주변 사람들에게 강력 추천을 하면서 추가 매출을 이끌게 도와준다.

속셈이 뻔히 보이는 사탕발림 서비스로 일회성의 칭찬과 높은 서비스 평가 점수를 받아내는 것이 아니라, 진정성이 담긴 서비스로 고객 마음을 얻는 것이다. 이에 감동받은 고객은 기꺼운 마음으로 서비스 직원에게 최고 점수를 준다. 또한 숫자와 함께 고객과 직원 간에 깊은 유대감과 지속가능한 관계까지 형성할 수 있다.

tip

숫자를 이끄는 고객 읽기

관심을 갖고 관찰해라

서비스제공자에 있어 지탄받아 마땅한 가장 큰 잘못은 '고객에 대한 무관심'이다. 물론 '고객이 왕'인 시대는 지나갔다. 그러나 고객이 고객으로 불리는 것은 서비스 받을 자격을 갖고 있기 때문이다. 서비스 제공자는 이 사실을 잊지 말아야 한다. 서비스에 대한 값을 이미 지불했거나 지불할 예정인 고객이 필요로 하고 기대하고 있는 바를, 구두로 표현했든 안 했든 관계없이 정확히 파악하고 실행할 의무와 책임이 서비스제공자에게 있다. 니즈와 욕구 파악의 출발은 관심이고, 관심이 관찰을 낳는다. '드러나 있거나 숨겨진' 니즈와 욕구를 알아내게 해주는 것은 세심하고 면밀한 관찰이다.

메모하고, 분석해라

관찰로 얻어진 정보를 메모하고 분석해야 한다. 그대가 제공한 서비스의 어떤 점이 고객을 만족시키고 감동시켰는지, 반대로 어떤 점이 고객의 화를 더욱 부추겼는지 등을 분석하고, 그 결과에 따라 강화하거나 수정해야 한다.

'무엇'을 잘했고 잘못했는지를 파악하고, '왜' 그런 결과가 나왔는지를 분석한 후, '어떻게' 해야 잘한 점은 더욱 강화하고, 잘못한 점은 수정할지에 대한 계획을 세우고 즉각적으로 실행해나간다. 이 길이 서비스 수준을 향상하고 서비스 전문가로 거듭나게 해주는 기본적인 과정이자 최선의 방법이다.

서비스제공을 거래 대상으로 여기지 마라

거래적인 관계에서는 '기대 능가' 서비스가 이루어질 수 없다. 거래적 관계는 지불한 만큼만 내주고, 받은 만큼만 제공하기 때문이다.

고객감동과 최상의 고객경험을 추구하는 서비스 전문가는 달라야 한다. 감동적인 서비스를 통해 닫혔던 마음이 열리게 하고, 영감을 불러일으키고, 가슴이 벅차오르는 행복감을 전달하는 능력은 인간만이 가질 수 있다. 신속함과 단순한 편리함만을 제공해주는 AI챗봇 서비스와 비교조차 할 수 없는, 깊고 진한 감성을 전하는 서비스는 인간이 가진 인성에서 나온다. 스스로 챗봇이 되어 단지 거래적 개념 위에서만 작동되는 서비스를 한다면 지속가능한 관계 형성을 기대할 수 없고, 따라서 지속가능한 숫자도 당연히 기대할 수 없다.

모든 고객이 '최고의 VIP로 대접받고 있다'는 느낌을 갖게 해라

우리는 누구나 특별한 사람으로 대접받길 원한다. VIP가 특별한 대접을 받는 것은 당연한 일이지만, 일반 사람이 VIP 대접을 받게 되면 '평범한 일반 고객인 내게도 이렇게까지 마음을 써주고 배려해주네!'라면서 감동한다.

감동적인 경험에 대한 기억은 오래 지속된다. 설사 일회성의 방문이었더라도 특별한 경험을 한 고객의 마음에는 '감성 커넥션과 충성심'이 생기고, 기회가 되면 재방문을 하거나, 자신의 경험을 주변 사람들과 적극적으로 공유할 것이다.

고객을 장소에만 들이지 말고 마음에도 들여라

현대 경영학의 아버지라 불리는 피터 드러커의 말처럼 기업은 이윤 창출이 아닌 고객 창출을 목표로 해야 한다. 서비스 경영과 고객경험을 돈의 관점에서만 보면 하루살이밖에 만들어내지 못한다. 지속가능경영을 추구한다면 양보하고 손해 보는 날도 있음을 당연하게 받아들여야 한다.

당장의 목표 매출 달성만을 위한 고객 유치에만 전력해선 안 된다.

오늘 없다면 내일 있을 수 있고, 이달에 못 오면 다음 달에 올 수 있는 더 큰, 더 많은 고객을 생각해라. 오늘 그대 앞에 와 있지 않더라도 내일 모레, 그 이후 계속 올, 또 오고 싶어 할 고객에게 집중해라. 마음을 열고 기다리고 인내해라. 그대 마음을 투자하면 숫자, 그것도 무한대의 숫자가 돌아오는 기쁨을 맛볼 수 있게 된다.

데블스 인 디테일 Devil's in detail

악마는 디테일에 숨어 있다. 디테일한 부분에 소홀하거나 세심함을 놓칠 때 큰 실수가 따를 수 있다는 의미다. 반대로, 세심한 부분까지 배려하고 실행할 때 고객만족을 넘어 고객감동을 이끌어낼 수 있다.

짧은 말 뒤에 숨겨진 의미, 표정, 몸짓, 손짓 등 다양한 '사인'을 통해 고객의 생각과 감정 상태를 파악할 수 있다. 이것은 형식적으로 시행하는 '고객만족도 평가'보다 훨씬 더 정확한 피드백이다. 직접적이고 리얼한 피드백에 대한 시의적절한 응대는 상상 이상의 긍정적 결과를 가져다준다.

22

평생 유효한 워런티를 제시해라

Offer a lifetime warranty

AS 없이는 상품과 서비스 판매가 안 되는 세상이다. 선호하는 회사의 제품을 구매할 생각을 갖고 있더라도 AS 내용이 타사와 비교해서 한참 뒤처지면 다시 생각해보게 된다. 반대로, 중소기업의 평균 수준의 제품이라도 사용 중에 경험하는 애프터서비스가 아주 좋았다는 이유로 충성고객이 되기도 한다.

몇 년 전 일이다. 서울의 한 백화점에서 과일을 구매한 적이 있다. '최상의 당도'라는 광고 문구를 보고 구입한 과일을 집에 가져와 먹어

보니 기대와 달리 맛이 평균 이하였다. '당당히 적혀 있는 당도도 믿을 것이 못 되네!'라고 속으로 투덜거리면서 남은 과일을 냉장고 안에 가둬버렸다.

한 일주일이 지난 후 다른 볼일로 그 백화점에 다시 갔다가 문득 과일 생각이 나서 과일 코너 담당자에게 이야기를 했다. 그랬더니 아무런 변명도 하지 않고 "다 드시지 않았으면 가져오세요. 다른 것으로 교환해드릴게요"라고 했다. 그래서 "일주일이 넘었는데 그래도 괜찮아요?"라고 묻자, 백화점에 들어오는 물건은 각 생산자가 상품 보증을 하게 되어 있고, 고객이 만족하지 않을 시 다른 상품으로 교환해드리니 문제 없다고 했다.

다음 날 나는 남은 과일을 매장으로 가져갔고, 담당자는 물건 구입일자만 확인한 뒤 동일한 가격과 품질의 과일로 교환해주면서 이렇게 말했다. "이것도 드셔보신 후 맛이 없으면 다시 가져오셔도 됩니다." 그러고는 우아하고 친절한 말투에 부드러운 미소를 담아 "교환하는 게 귀찮다고 맛없는 걸 억지로 드시거나 버리지 마세요. 비싸게 산 과일인데 속상하잖아요"라고 덧붙였다.

서비스업에 종사하는 사람에게 나타나는 특징과도 같은데, 나는 웬만한 서비스에는 '감동'을 잘 안 받는다. 그러나 그날 나의 가슴에는 진한 감동의 물결이 일었다. 서비스제공자와 백화점에 난데없는 충성심(?)이 가슴 깊이 솟구쳤다. 마치 '큰 빚을 진 것 같은 마음'에 나는 집과 더 가까운 백화점을 두고도 더 먼 곳에 위치한 그 백화점을 이용했고, 꼭 과일을 사지 않더라도 그 직원을 만나는 기쁨을 꽤 오랜 동안 누렸다.

기업이나 서비스제공자가 전력을 다해 매일 매 순간 완벽한 상품과 서비스를 만들어내고자 다짐한다 해도 현실에서는 결함이나 결점 있는 상품과 서비스가 고객에게 전달되는 경우가 발생하는 것을 피할 수 없다. 최첨단 기계나 로봇을 이용해 만드는 제품이라 할지라도 100% 무결점·무결함 상품을 365일 만들어내진 못한다. 특히나 사람의 손으로 생산, 제공되는 수제품과 서비스는 결함과 약점이 따를 수 있다. 인간의 손이나 마음, 정신에 의해 만들어지는 상품과 서비스는 각각이 다르고 무결함, 완벽과는 거리가 있을 수 있다는 사실을 인정해야 한다.

다만 **현명하고 지혜로운 서비스제공자라면 불완전함과 부족함을 솔직하게 인정하고, 고객이 원하는 기간 동안, 평생이라도 애프터서비스를 제공하고 부족함을 채워나가겠다는 약속과 보증을 확실하게 제시하고 실행하는 것이 필요하다.**

tip

평생 유효한 워런티 제시하기

우선 AS 가능성을 최대한 배제해라

'사람이 하는 일이라 어쩔 수 없다. 모든 고객의 입맛과 기대를 다 맞출 수는 없다.' 이것은 지극히 맞는 말이다. 그러나 서비스 전문가라면 이런 변명을 당당히 늘어놓아서는 안 된다. 그대는 모든 고객의 니즈와 기대가 다르다는 사실을 알면서 고객접점에 서 있는 서비스 프로다. '서비스 프로'라면, 나아가 '니즈와 기대는 고객에 따라 다르다'라는 서비스의 기본 개념을 명확히 알고 있다면 이런 핑계를 대면 안 된다.

서비스 프로의 책임과 역할은, 서비스를 제공받는 고객이 '정말 훌륭한, 완벽한 서비스를 받고 있다'는 마음이 들게 하는 것이다. **고객으로 하여금 비록 100% 무결점은 아니어도 완벽에 가까운 서비스를 받고 있다고 느끼게 만드는 서비스를 해야 한다.** 서비스제공자가 이런 서비스를 했을 때 기업은 AS에 들이는 비용(시간, 노력, 기타 자원)을 절약할 수 있다.

프로페셔널한 서비스제공자라면 "고객 불평이 터지면 처리해야지"라거나 "운 나쁘게 소위 '진상' 고객 만나서 머리 아프다"라며 푸

념할 것이 아니라 '나의 서비스는 AS가 필요 없다'는 자신감이 실린 서비스를 제공하는 능력을 갖춰야 한다. 이러한 자신감은 업무 능력과 서비스 역량 위에서 꽃이 핀다.

AS 요청을 기다리지 말고 먼저 제시해라

'사람이 한 일은 그 일을 한 사람이 가장 잘 안다.' 그대가 한 일은 그 일을 담당했던 그대 자신이 가장 잘 안다. 서비스제공자는 사람이고, 사람이기에 모든 일과 서비스를 항상 완벽하게 해내지는 못한다. 그러나 자기 역할과 책임을 정확히 알고 있는 서비스제공자라면 자신의 서비스가 몇 점 정도인지를 가늠할 수 있다. 서비스의 결과가 AS를 요하는지, 즉 고객의 컴플레인이 발생할지를 서비스 과정이나 서비스 제공 후 어느 정도 판단할 수 있다.

완벽한 서비스가 아니었고 고객감동을 부르지 못한 서비스는 아쉬움은 남기겠지만 그렇다고 크게 잘못된 서비스는 아니다. 그러나 고객이 지불한 값에 상응한 서비스를 제공하지 못하고, 그래서 고객이 만족하지 못했다면 그것은 잘못된 서비스다. 서비스 프로라면 자신이 무엇을 잘못했는지를 바로 깨닫고 고객에게 솔직히 고백하면서 잘못을 바로잡을 기회를 가져야 한다.

'서비스 패러독스'라는 개념이 있다. 컴플레인을 한 고객이 충성고객으로 반전될 확률이 높다는 의미다. 고객 불만 사항을 처리하는 서비스 직원의 태도와 행동에 따라 컴플레인이 증폭되기도 하고, 반대로 고객만족을 넘어 감동을 일으키고 나아가 충성고객으로 만들 수 있다. 이것은 고객접점에 있는 서비스제공자라면 누구나 한 번쯤 겪었을 경험이다.

서비스를 제공한 당사자인 자신이 스스로 평가해서 'AS 요청이 들어올 것 같다'라는 불안감이 들면 고객이 찾아와 소리칠 때까지 기다리지 말고, 지체 없이 솔직하게 알리고 수정 방안을 제시해야 한다. 비록 AS가 발생된 원인이 그대가 아닐지라도 AS가 발생될(또는 발생된) 사인을 감지했다면 즉각적이고 신속한 AS를 제안해야 한다. 이 경우 고객 마음에는 화의 불길이 아닌, 서비스제공자의 '솔직함'과 '문제해결에 대한 적극적이고 진정성 있는 태도'가 일으킨 감동의 물결이 흐를 것이다.

유효기간 없는 워런티를 제시해라

앞에서 이미 언급했듯이 사람은 완벽하지 않고, 모든 일을 언제나 완벽하게 해낼 수는 없다. 그래서 겸손과 더불어 상대의 이해가 필요하다.

'너무 깨끗한 물에서는 고기가 못 산다'라는 말이 있는데, 이는 '너무 완벽한 사람 주변에는 사람이 없다'라고 해석할 수도 있다. 나의 경험상 완벽한 서비스제공자도 없지만, 있다 하더라도 완벽해 보이는 서비스제공자에게 고객은 인간적인 매력을 느끼지 못한다. 사람다운 사람, 인간적인 사람을 누구나 좋아하고 고객도 마찬가지다. 다만, 꼭 기억해야 할 한 가지는 평생 가는 고객을 얻고 싶다면 유효기간 없는 보증을 제시해야 한다는 것이다.

평생 유효한 워런티는 평생 지속될 마음으로 이어진 관계에서 이루어질 수 있다. 지속가능한 관계 사이에서만 가능한 것이다. 고객과 서비스제공자 사이의 '거래적 관계'가 아니라, 언제 어떤 상황에서도 서로가 서로를 계산 없이 도와주고 지지하고 응원해주는 관계를 의미한다. 피를 나눈 가족도, 유년 시절 친구도 아니고 학연, 지연으로 맺어진 관계도 아니지만, 그 어느 관계보다 더 깊고 인간적인 관계를 지속하게 해주는 보증수표가 바로 '평생 유효한 워런티'다. 이 보증수표를 서로 주고받을 수 있는 고객과 서비스제공자는 정말 행복한 관계다.

23

존중받는 그대는 아름답다

You who are respected are beautiful

"존중, 리스펙respect의 가치는 인간관계에서 그 무엇보다 우선되어야 할 소중한 가치다!"라는 주장에 반론을 제기할 사람은 없을 것이다. 인간이라면 누구나 다른 사람의 리스펙을 기대한다. 아주 사소한 말이나 행동이라도 상대가 자신을 존중하고 있다는 느낌을 받게 되면 자연스럽게 상대에게 마음을 열고 그를 받아들이게 된다.

수많은 이슈와 사건 사고에도 불구하고 우리 사회가 나름 잘 돌아가고 있는 이유는 서로에 대한 '존중감'의 뿌리가 건재하기 때문이라고 생각한다. 서로에 대한 존중의 마음은 그 사회와 조직을 지탱해주고, 적대적이 아닌 우호적인 상호 관계로 발전할 수 있게 해주는 기반이 된다.

사람들이 '존중'의 가치를 인정하는 이유가 있다. 리스펙은 결코 돈으로 살 수 없고, 강요에 의해서 생겨날 수 없으며, 오직 마음과 영혼의 자연스럽고 강한 움직임에 의해서만 나올 수 있음을 알기 때문이다.

그런데 한편으로는 존중심과 존중의 대상에 대한 인식 오류도 존재한다. 존중의 마음, 리스펙은 낮은 데서 높은 데로 올라가야만 한다는, 아랫사람이 윗사람에게 억지로라도 가져야 하는 마음(장유유서), 서비스 직원이 고객 앞에서 보여야만 하는 저자세 등으로 잘못 인식되기도 한다. 리스펙의 본질적 가치 인식에 대한 오류로 인해 상호 관계에서 진정한 리스펙을 주고받으면서 느끼는 기쁨을 갖지 못하는 것이다. 그렇다면 인간 상호 간의 진정한 리스펙은 어떤 경우에 생길까?

20년 전만 해도 외국인 투숙객이 대다수인 호텔에서는 '택시카드' 요청 고객이 많았다. 누구나 해외에 나가면 겪는 일이지만, 현지어가 능숙하지 않은 경우 택시기사에게 목적지나 상호 등을 정확한 발음으로 알려주는 것이 쉽지 않다. 그래서 외국인들에게는 목적지와 상호가 국문으로 적힌 택시카드가 중요하다.

택시카드 요청을 처음 받았을 때 컨시어지 A는 R고객이 알려준 목적지를 택시카드 위에 국문으로 또박또박 적었다. 시청에 있는 오피스 빌딩이었다. K는 '그곳에 업무차 가시나 보다'라는 생각을 하면서 문득 의문이 들었다.

'만일 이 장소에 처음 가는 거라면 한국어를 전혀 못하는 고객이 그곳에 도착한 다음 어떻게 미팅 장소나 사람을 찾을까?'

그래서 택시카드를 건넨 뒤 곧바로 어떤 용건으로 가시는지를 조심스럽게 물었다. 생각했던 대로 미팅 참석차 가는 것이고, 초행길이라고 했다. 이 말을 들은 K는 "회의가 몇 시에 예정되어 있는지, 택시 예약을 해드릴 수 있는데 혹시 원하시는지, 도착한 후 안내할 사람을 바로 만나실 예정인지, 안내할 사람의 얼굴과 연락처를 알고 있으신지?" 등을 물었다.

단순히 택시카드를 요청했던 고객 R은 K의 질문에 고마워하면서 상세히 답변을 해주었고, 이에 K는 다음과 같이 응대했다.

"그 시간은 교통 상황이 좋지 않을 시간이니 회의에 늦지 않기 위해서는 적어도 삼십 분 정도의 여유를 두고 나가시는 것이 좋을 듯합니다. 괜찮으시다면 도착 시 만날 예정인 분의 연락처를 알려주시면 제가 전화해서 고객님 출발 시간을 전달하겠습니다. 그리고 일기예보에 의하면 오늘 오후에 많은 비가 예상된다고 하니 저희 컨시어지 데스크에 들르셔서 우산을 빌려 나가시는 것이 좋을 것 같습니다. 원하시면 고객님 이름으로 미리 우산을 챙겨두도록 제가 데스크에 부탁하겠습니다. 저녁에 호텔로 돌아오실 때는 여기 택시카드 뒷면을 기사에게 보여주시면 됩니다. 혹시 분실하실 경우를 대비해서 호텔 이름과 전화번호가 큰 글씨로 적힌 택시카드를 추가로 하나 더 준비해드리겠습니다."

R고객은 K의 제안을 전적으로 따랐고, 서울에서의 중요한 첫 비즈니스 미팅을 무사히 마칠 수 있었다. 고객 R은 함께 투숙 중인 동료와 비즈니스 파트너들에게 "K의 행동에 감명받았다. 하나를 요청했는데 그에 따라 필요한 모든 것들을 먼저 제안하고 준비해주는 K의 서비스는 어디서도 받아본 적이 없다"라며 극찬을 했다. 그러면서 "일을 일로서만이 아닌, 고객의 입장에 서서 필요한 것들이 무엇인지 헤아리고, 자진해서 도와주는 K의 서비스 마인드에 리스펙의 마음이 절로 우러났다"고 했다.

tip

고객으로부터 리스펙 받기

프로의 기본을 갖춰라

자신이 하고 있는 일에 대한 지식과 스킬, 테크닉을 정확히 습득하는 것은 마치 영어 구사 능력을 갖추기 위해 가장 먼저 ABC를 터득하는 것과 같다. 영어를 잘하고 싶어 하면서 ABC를 모르는 것이 말이 안 되듯이 한 분야에서 존중받는 전문가가 되고 싶다면 가장 먼저 지식과 스킬, 테크닉과 더불어 그 역할 수행에 필요한 올바른 마인드와 태도를 갖춰야 한다. 높은 곳을 향한 열정이 제아무리 크다 한들 꿈을 세우고 이뤄나갈 견고한 기반을 다지지 않는다면 그것은 사상누각일 뿐이다.

프로 정신을 길러라

프로 정신은 필수다. 아마추어에게는 '격려'가, 프로에게는 '리스펙'이 주어진다. 지식과 스킬이 아직 부족하고 역량을 강화해나가야 하지만 최선을 다해 열심히 미래를 준비하는 아마추어에게 사람들은 '격려와 응원'을 보낸다. 지식과 스킬 위에 역량까지 갖춘 프로에게 '최선을 다해 열심히' 하는 아마추어 정신은 더 이상 의미가 없다. 자신에게 끊임없는 싸움을 걸고, 자신의 어제를 뛰어넘는 오늘과 내일을 만들어나가겠다는 투지와 도전 정신을 갖고 실행하는 프로에게 사람들은 '진심 어린 리스펙'을 보낸다.

프로라면 프로답게 행동해라

프로의 기본을 갖췄더라도 프로답게 행동하지 않으면 리스펙은 멀어진다. 프로에게 가장 필요한 덕목 중 하나는 성숙함이다. 성숙은 품성으로 나타난다. 탄탄한 실력 위에 품성과 공감력까지 갖춘 그대를 존중하지 않을 사람은 없다.

신념과 소신을 길러라

리스펙을 받는 사람의 특징을 보면 신념과 소신이 뚜렷하다. 가급적 쉬운 길을 택하고, 사람이 몰리는 잘 닦인 길을 따라가기보다는 외롭고 힘들어도 끈기와 인내로 자신의 꿈을 향해 새로운 길을 열어가는 사람이 결국 자신을 세우고 존중받을 수 있다. 남의 뒤만 쫓거나 남들이 하는 대로만 하는 '따라쟁이'가 되는 순간 그대의 정체성은 온데간데없이 사라지고 허상만 남게 된다. 결국 거울 속에서 그대 아닌 그대의 모습을 보게 될 것이다. 당연히 진정한 '그대' 자신으로서 존중받을 수 없다.

마음을 구하는 사람이 리스펙을 얻을 수 있다

매사 머릿속 계산기를 두드리는 사람은 존중하고 존중받기 힘들다. 주면 받아야 하고, 받았으면 그만큼 줘야 하는, 물질이 기반된 관계에서는 상호 리스펙을 기대하기 힘들다. 물질이 아닌 마음을 주고, 그 보답으로 물질이 아닌 마음을 바라는 사람 사이에서 진정한 상호 존중의 관계가 이뤄질 수 있다.

남의 핑계를 대지 않을 때 리스펙을 얻는다

자기가 한 잘못이나 실수는 주위 환경이나 상황 탓이고, 동료의 잘못과 실수는 결코 자기 탓이 아닌 '그 사람' 또는 '그 부서' 탓이라고 외치며 변명하고 핑계 대는 사람은 결코 존중받을 수 없다. 설사 스스로 잘못한 것이 없다 하더라도 어리석고 미성숙한 태도와 행동으로 리스펙을 잃는 결과만 맛볼 뿐이다.

무조건 믿어주고, 무조건적인 믿음을 얻어라

나의 경험상 '열에 여덟 사람은 정직하다'라고 단언할 수 있다. 단골고객이 마음먹고 고가의 와인을 구매하고 오픈해서 맛을 보았는데 상해 있었단다. "도저히 마실 수가 없어서 그냥 쏟아버렸는데 참 속상했다"는 말을 듣는다면 와인을 판매한 직원은 즉시 "단골로 늘 저희를 믿고 구매해주셨는데, 그런 일이 있었다니 정말 송구스럽습니다. 와인 보관에 만전을 기하고 있지만 간혹 상하는 경우가 발생합니다. 그때 바로 가져오셨다면 동일한 와인이나 아니면 같은 가격의 다른 와인으로 교환해드렸을 텐데요. 현재 동일한 와인은 없지만, 괜찮으시다면 다른 와인을 한 병 드리고 싶습니다"라고 제안할 수 있는 마음을 가져야 한다. 믿음은 믿음을 낳고, 거짓은 거짓을 낳는다. 믿어주고 믿음을 얻으면 와인 한 병으로 그치지 않는 훨씬 더 큰 ROI를 기대할 수 있다. 더불어 일반적인 단골고객이 아닌, 평생 갈 충성고객을 얻게 된다.

최고의 설득가이자 진정성 있는 조언자가 되어라

고객은 좋은 조언자를 필요로 하고, 때로는 설득당하기를 기대한다. 의류 매장에 들어가서 옷을 고르다가, 결국 맨 끝에는 매장 직원에게 "어느 것이 내게 더 잘 어울릴까요?"라고 묻고, 열에 일고여덟은 직원의 조언에 따라 최종 선택을 한다. 사실 이것은 지극히 비이성적이고 비합리적으로 보일 수 있는 장면인데, 거의 대부분의 구매자들의 실제 구매행동 패턴이다. 고객은 매장 직원을 전문가라고 생각하고 전문가의 의견이 맞는다고 여기고, 또 맞기를 기대한다. 전문가의 말을 따르면 후회하지 않을 결정을 내릴 수 있을 거라 믿는다.

막상 상품을 구매하려고 매장에 들어섰지만, 자신이 진정 원하는 게 무엇인지, 어떤 결정이 좋은 결정인지 잘 모르는 경우가 있다. 이럴 때 서비스 직원이 고객 성향과 선호를 간파하고, 고객의 속마음을 헤아리면서, 최종적으로 고객 자신에게 옳은 결정을 하도록 도움을 제공할 수 있어야 한다. 이 과정에서 진심 어린 조언과 설득력이 요구된다. 고객 자신도 미처 깨닫지 못했던 숨겨진 니즈와 욕구를 파악해내고, 센스 있는 맞춤형 제안을 하면서 설득한다면 대부분 긍정적인 결과가 따라온다. 회사나 직원 자신에게 이득이 되는 것이 아닌, 고객에게 득이 되는 조언과 설득이기 때문이다.

"고객님이 그 고가 상품을 구매하시면 제게는 큰 인센티브가 주어져 좋겠지만, 고객님을 오늘만 뵐 게 아니기 때문에 당장의 이득보다는 솔직한 의견을 말씀드리고 싶습니다. 그 상품은 고객님이 지난번 구입하신 것과 비슷한 라인이니 이번에는 고객님께 훨씬 더 잘 어울리고, 가격도 합리적인 이 상품이 좋다고 생각됩니다."

이렇게 조언하는 직원에게 고객은 리스펙을 보내지 않을 수가 없다. "○○○은 언변과 센스가 뛰어난 데다, 무엇보다 눈앞에 놓인 자기 이익만을 좇는 게 아니라 고객 입장에서 최선의 선택을 할 수 있도록 솔직하게 조언해주니 내가 믿고 의지할 수밖에 없지!"라는 말과 함께.

입, 눈, 귀에 천근을 얹을 때 존중이 나온다

상대의 비밀을 지켜주는 사람이 되어라. 자신과 관련 없는 일, 알 필요 없는 일, 알면 안 되는 일에는 입을 닫고, 본 즉시 잊고, 들은 즉시 흘려보내라. 천근의 입을 가져야 하고, 입은 무겁게 가슴은 가볍게 해야 한다. 쓸데없는 말과 깃털 같은 입놀림으로 자기 가슴에 천근의 돌덩이를 얹는 어리석음을 피해야 한다. 존중은 먼저 존중을 보내야 얻어질 수 있다. 사람 간에 가장 기본적이고 중요한 존중의 태도는 상대에 대해 함부로 말하지 않고, 상대를 '독이 묻은 말 화살'로부터 지켜주는 것이다.

핵심 가치를 길러라

가치를 지닌 사람이 존중받는다. 가치 평가는 타인의 몫이고 권한이다. 가치 있다고 인정받는 사람이 되어야 존중을 기대할 수 있다. 사람의 핵심 가치는 인간 본성에 들어 있는 본질적 가치이며, 그것은 '양심'

이다. 양심 가치를 지닌 사람이 누구나 존중하고 싶은 사람이다.

'리스펙'은 유명인이나 특정인에게만 부여된 단어가 아니다. 인간이라면 누구나 기대할 수 있다. 자기가 누구인지, 무엇을 위해 그 자리에 서 있는지, 자신이 살고 싶은 삶이 무엇인지를 아는 사람, 자기 삶을 살아가기 위해 용기를 내고, 꿈을 세우는 것만이 아니라 그것을 이루기 위해 최선을 다하며, 어떤 힘든 상황에서도 자신의 길을 포기하지 않겠다는 굳센 신념과 식지 않는 열정으로 매일 한 걸음이라도 앞으로 내딛으며 나아가는 사람이라면 누구나 '풀 리스펙'을 받을 자격이 있다.

24

퍼스널 브랜드를 세워라

Build your personal brand

‘애플’이라는 이름을 들을 때 우리는 왜 자연스럽게 ‘스티브 잡스’를 떠올리게 되는 걸까? 주식의 대가들이 수도 없이 많은데 왜 사람들은 ‘워런 버핏’에게 ‘주식의 귀재’라는 별명을 붙이고, 그와의 식사를 위해 수백 달러를 쓰는 것일까? 세상에 수많은 과학자가 있음에도 왜 사람들은 ‘스티븐 호킹 박사’ 이름을 기억하고, 그의 이름에서 감명을 받는 것일까?

위에 열거된 인물들은 그들의 이름만으로도 어떤 삶을 살고 어떤 일을 했던 사람인지를 누구나 잘 알고 있다. 그것은 스티브 잡스, 워런 버핏, 스티븐 호킹 박사가 갖고 있는 특별한 재능과 전문성, 신념과 철학 때문이다. 그들이 갖고 있는 깊은 통찰이 다른 사람과의 차별화를 이루고, 그것을 기반으로 확고한 퍼스널 브랜드가 형성되었기 때문이다. 이들처럼 자타가 인정하는 천재가 아니더라도 우리는 나름의 히어로, 아이돌을 마음속에 품고, 끊임없는 관심과 사랑을 보내고 그들이 더 큰 성공을 만들어가기를 응원한다.

가족도 친지도 친구도 아닌 셀럽에게 아무런 대가도 바라지 않으면서 깊은 사랑과 응원을 보내고, 때로는 존경심까지 갖게 되는 이유는 무엇일까? 그것은 바로 그들의 '남다른 개성과 매력, 그리고 프로페셔널리즘'이 우리에게 기쁨을 주고 살맛 나는 세상을 만들어주기 때문일 것이다.

보통 사람이 해내지 못하는 성취(유일무이한 자기만의 색깔과 개성으로 다른 사람과의 차별화)를 이루고, 인간적인 매력으로 사람들에게 무한 감동을 선사하고, 한 분야에서 최고를 꿈꾸는 프로 정신, 식지 않는 도전 정신과 열정으로 오늘보다 더 나은 내일을 만들어가는 그들을 보면서 우리는 흥분과 감동을 느낀다.

이렇게 우리가 셀럽들에게 열광하면서 뜨거운 박수를 보내는 이유는 바로 그들의 '퍼스널 브랜드'에 매혹되었기 때문이다. 좋아하는 유명인이나 셀럽의 성공을 보며 대리만족을 느끼고, 팬심을 갖게 되고, 완전히 빠지면서 진정한 '덕후'가 되는 것이다. '덕후'가 된다는 것은 셀럽과 정신적, 감정적 교감을 하는 관계가 형성되었다는 의미인데,

이것은 평생 이어질 수 있는 인간적인 관계의 기반이 된다.

이 관점에서, 서비스 기업 경영진과 서비스제공자는 브랜드 정체성 확립을 위해 지속적으로 시간과 노력을 투자할 필요가 있다. 브랜드 정체성을 확립하고 브랜드 신뢰성을 높이는 노력은 브랜드 차별화를 이루고, 지속가능한 충성고객을 확보하기 위한 필수적인 경영활동이다.

하지만 기업 차원에서 단순히 주력상품에 대한 브랜드 마케팅을 하는 것만으로는 진정한 '덕후' 고객을 지속적으로 확보하고 유지하기는 힘들다고 생각한다. 기업의 브랜드와 주력상품에 대한 브랜딩 활동은 고객의 첫 방문을 유도하는 데 중요한 역할을 한다.

그러나 실제 고객경험을 창출하고 재방문을 유도하는 것은 서비스제공자의 '퍼스널 브랜드'다. 고객의 첫 방문은 기업이 전면에 내세운 브랜드에 대한 기대로 이루어지지만, 고객이 실제 갖게 되는 경험이라는 결과는 고객접점에 있는 서비스제공자가 지닌 퍼스널 브랜드의 정체성과 신뢰성에 달려 있다.

서비스제공자의 브랜드 정체성과 신뢰성 정도에 따라 고객경험의 품질이 결정된다. 만일 서비스제공자의 브랜드가 고객에게 최상의 경험을 제공했다면 서비스제공자의 브랜드 가치가 실현되었다고 할 수 있다. 그러므로 기업이 꿈꾸는 지속가능한 고객관계 형성을 위해서 서비스제공자 각자의 브랜드 확립에 힘써야 한다.

고객접점에 있는 서비스제공자가 자기 고유의 '퍼스널 브랜드'를 세우고, 그 브랜드를 고객에게 지속적으로 알리는 데 주력해야 한다. 퍼스널 브랜드를 기반으로 고객에게 기쁨을 주고 감동을 선사하면서 자신의 덕후가 되게 만들 수 있어야 한다. 자기만의 색깔과 모습, 개성이 담긴 퍼스널 브랜드로 고객의 마음과 영혼을 사로잡는다면 고객과 서비스제공자 간에 정서적 관계가 수립되고, 견고한 휴먼 커넥션이 형성될 것이다.

tip

퍼스널 브랜드
확립하기

'남다른' 서비스를 만들어라

독창적이고 창의적인, 그대가 아니면 할 수 없는 서비스, 그대가 곧 서비스인 서비스, 모방이나 이전이 거의 불가능한 서비스를 만들어 내야 한다. 이러한 서비스의 창출은 아래의 공식에 기반한다.

[훌륭한great 서비스 + 1%의 남다른 업무 지식 + 1%의 남다른 업무 스킬] × [100% DNA(태도 + 개성 + 감성 매력)] = 견줄 데 없는 최상의 the greatest 서비스

'좋은' 또는 '꽤 좋은' 서비스만으로는 진정한 감동과 최상의 고객경험을 만들어낼 수 없다. '최상의 고객경험'은 '남다른' 또는 '비교할 바 없이 탁월한' 서비스를 통해서만이 가능하다. 그레이트great 서비스와 그레이티스트greatest 서비스는 소위 '한 끗' 차이일 수 있다. '꽤 좋은' 서비스에 '+1%'라도 남다른 프로페셔널리즘, 업무 지식과 스킬, 그대의 DNA가 만들어내는 태도, 개성과 매력을 얹는다면 그 누구도 모방할 수 없는 탁월한 서비스가 될 수 있다. +1%의 법칙을 제대로 적용한다면 그 어느 것과도 비교가 안 되는 '견줄 데 없는' 서비스라는 결과를 만들어낼 수 있다.

겉포장만 그럴싸한 브랜드는 '사기'다

멋지고 화려한 포장과 광고 문구를 보고 구입했는데, 내용물이 기대 이하로 엉망인 경우 어떤 기분이 드는가?

퍼스널 브랜드는 본질적 가치(진실성의 바탕) 위에 세워야 한다. 실제의 자기를 보여주지 못하고, 자신의 역할을 제대로 실행할 지식과 스킬, 역량을 갖추지 못한 채 외적인 면, 즉 겉만 그럴싸하게 포장해서 내놓는 것은 스스로를 실패의 늪으로 빠트리는 일이다. 화려한 금박을 입힌 값비싼 것일지라도 포장지는 결국 벗겨져 쓰레기통에 버려질 운명이고, 벗겨진 포장지 속에 감춰져 있던 실체는 드러나게 마련이다.

포장지는 속에 싸인 내용물을 보호하여 제대로 잘 전달하는 역할,

더불어 내용물이 아름답고 매력적으로 보이도록 도와주는 역할을 할 뿐이다. 존재하지 않는 내용물이 있는 것처럼 보이게 하거나, 천 원짜리를 천만 원짜리처럼 보이게 하는 포장은 기만이다. 고객은 속았다는 것을 깨닫는 순간 큰 배신감까지 느낄 수 있다.

디지털인은 자기가 스마트하다고 생각한다. 스스로 스마트하다고 생각하는 디지털인은 자신이 속았다고 생각되는 순간 극도로 분노하고, 분노를 혼자 삭이기보다는 다른 사람들에게 적극 알리는 것을 주저하지 않는다. 악의가 없었다 하더라도 겉으로만 그럴듯하게 보이는 브랜딩 활동은 사기다. 실크는 실크로, 폴리polyester는 폴리로 존재해야 한다. 자기 정체성을 확고히 하고, 신뢰성을 중요한 가치로 삼는 브랜드라면 폴리를 실크로 둔갑시키지 않는다. 중요한 것은 각각의 장단점을 정확히 알리고 고객 니즈에 맞는 선택을 기다리는 태도다.

퍼스널 브랜드는 화려한 포장지가 아닌, 정체성과 신뢰성의 가치 기반 위에 세워져야 한다. 정체성과 신뢰성이 존재하지 않는 브랜드는 모래성과 같다. 제아무리 웅장하고 화려하게 쌓은 모래성일지라도 모래성은 결국 머지않아 무너지고 사라지기 때문이다.

색깔과 개성이 확실한 브랜드를 세워라

퍼스널 브랜드는 자신의, 자신에 의한, 즉 자신만의 브랜드여야 한다. 시장에서 이미 인기를 누리고 있거나 고객에게 인정받고 있는 다른 브랜드나 그들의 브랜딩 방식을 카피하거나 비슷하게 만들어내려는 어리석음을 절대 피해야 한다.

얼마 전 한 TV 프로그램을 통해 세계적 향수 브랜드 조말론의 창업자 조 말론Joe Malone의 인터뷰를 접한 적이 있다. "경쟁이 치열한 향수 시장에서 후발 주자로 시작해 짧은 기간에 글로벌 시장으로 확산해나가면서 마니아층을 확보할 수 있었던 비결이 무엇인가?"라는 질문에 그녀는 "다른 사람을 모방하거나 따라하려고 하지 않는 것"이라고 대답했다.

다른 향수와 비교하지 않고, 다른 향수가 되려고 하지 않은 것. 조 말론 자신의 가치가 온전히 배어 있는 향수를 만드는 데 온 마음과 정신을 집중하는 것. 조 말론에 의한, 조 말론의 향수를 만들어 그것으로 고객 마음을 사로잡은 것이 그녀의 성공 비결이었다.

인터뷰를 보면서 나는 그녀의 빛나는 눈빛과 표정, 아름다운 가치와 철학이 담긴 그녀만의 퍼스널 브랜드에 완전히 매료되었다. 조 말론에 매혹되고 존경심마저 들게 했던 것은 다름 아닌 그녀의 DNA였다. 그녀가 향수에 대해 얼마나 폭넓은 지식과 향수 제조 스킬을 갖추고 있는지, 어떤 브랜딩과 마케팅 활동을 통해 커다란 성공을 이루었는지에는 사실 큰 관심이 없었다. 중요한 것은, 내면에 들어 있는 그녀의 DNA가 그녀만의 멋진 브랜드를 세웠고, 그래서 조말론 브랜드는 결코 쉽사리 무너지지 않을 거라는 깨달음이었다.

고객의 신뢰는 기업 또는 서비스제공자가 가진 외적인 역량에서 비롯된다. 그러나 DNA로부터 형성된 내적 역량(개성, 태도, 가치관과 감성 매력)은 브랜드 정체성과 신뢰성을 확고하게 다져준다.

모든 고객 · 소비자가 그대의 퍼스널 브랜드를 좋아하기를 기대할 수는 없다. 그것은 헛된 환상이다. 그러나 이 질문은 반드시 스스로에게 던져야 한다.

"내가 목표로 한 고객이 나의 브랜드를 환호하고, 지켜주고 싶게 만들 방법은 무엇일까?"

지속가능한 퍼스널 브랜드를 세우는 첫걸음은 현재 그대 앞에 서 있는 유일한 그 고객의 마음에 울림과 감동을 주는 것이다. 그대로 인해 감동받은 고객이 재방문을 하면서 "내가 이곳을 다시 방문한 이유는 ○○○이 있기 때문이다"라는 고백을 하게 만들어야 한다. 고객이 이런 고백을 한다면 그대는 '확고한 퍼스널 브랜드를 세웠다'라고 자신해도 좋다. 그다음 할 일은 브랜드 역량을 점차 강화하면서 그대만의 '덕후'를 한 명에서 열 명, 백 명으로 늘려가는 것이다.

25

아닌 것은 아니라고 당당히 말해라

Be proud to say "No" when "No" needs saying

30년 전 유학에서 돌아와 호텔에 입사한 첫날, 선배들로부터 귀에 못이 박히게 들은 말이 있다. 호텔서비스에서는 어떤 경우에도 고객에게 "노"를 해서는 절대 안 된다고. 이 "머스트 낫 세이 노"Must not say No는 모든 호텔리어가 반드시 기억하고 지켜야 할 기본 규정 중 하나였다.

이 금기 사항은 많은 서비스 현장에서 아직도 나름의 파워를 유지하고 있다. 사실 고객 입장에서 보면, 자신의 요구나 요청에 "안 된다", "못 한다"는 답이 돌아오는 것을 싫어하는 것은 당연하다. 질이 좋지 않은 고객은 "직원이 감히 고객에게 눈을 똑바로 뜨고 '안 된다'는 말을 어떻게 할 수 있나!"며 "이 호텔은 직원 교육을 어떻게 하고 있는 거냐. 당장 총지배인 나오라 해라!"고 소리치며 항의하기도 한다.

하지만, 여러 가지 이유로 서비스제공자는 고객 요청을 모두 다 수용할 수는 없다. "안 된다"라고 대답해야만 하는 분명한 이유나 상황이 존재하기 때문이다. 다만, "노"라고 말하지 않으면서 '안 된다'는 뜻을 확실하지만 설득력 있게 전달하는 능력은 꼭 필요하다.

투숙객 정보를 요구할 때 외부 고객이 투숙객의 이름과 모바일폰 번호까지 대면서 개인적인 이유로 급히 연락할 일이 있는데 전화 통화가 안 되어서 그러니 객실 번호를 알려달라고 요구했다. 이런 경험이 전혀 없던 프런트데스크 직원은 투숙객 명단 확인 결과 이름과 모바일폰 번호가 맞는다는 이유로 문제 없다 생각하고 객실 번호를 알려주었다.

그런데 객실 번호를 묻던 상대를 피해서 호텔에 묵고 있던 투숙객은 이 사실을 알고는 기겁을 하고 놀라며 호텔에 컴플레인을 했다. 다행히 호텔 매니저가 바로 알고, 즉시 고객을 다른 층 객실로 옮겼고, 투숙객 리스트에서도 이름과 전화번호를 '기밀'confidential로 처리했다. 외부 고객에게는 "찾으시던 고객이 이미 체크아웃하신 것을 저희가 미처 몰랐습니다. 확인을 제대로 못해 혼란을 드려 정말 죄송합니다"라고 설명했고, 객실부 직원 대상 재교육을 실시하면서 이런 경우 "죄송하지만, 투숙객 관련 정보는 본인 동의 없이는 알려드릴 수 없습니다"라고 친절한, 그러나 단호한 어조로 말해야 한다고 강조했다.

저희는 회장님의 귀여운 조카가 아닙니다 K고객은 당시 꽤 잘나가던 기업의 회장님이었다. 단골고객인 회장님은 EFL GSO들과 친하다는 이유로 외모와 관련된 농담을 자주 한다는 것을 알게 되었다. 담당 지배인과 일대일 면담을 하던 중 거의 모든 여직원들이 이구동성으로 회장님의 과한 농담과 손버릇을 성토했다. "K회장님이 우리 호텔 VIP인 건 알지만, 오시지 못하게 했으면 좋겠다"는 것이었다. 이유는 "성적인 농담을 시도 때도 없이 하고, 심지어 몸에 손까지 대기 시작했다"는 것이었다.

당시는 성희롱이란 말 자체가 거의 거론되지도 않았고 문제 제기도 하기 힘든 사회적 분위기였다. 또한 호텔에 워낙 큰 영향력을 행사하고 있는 VIP 고객이라서 모두들 드러내놓고 문제 삼기를 꺼려하는 상황이었지만 그렇다고 그냥 넘어가서는 안 될 문제라는 생각이 든 지배인 S는 회장님의 비서를 통해 입장을 전했다. "저희 EFL 직원들을 잘 봐주시고 친절하게 대해주셔서 정말 감사합니다. 하지만 성적인 농담을 갈수록 심하게 하시고, 게다가 직원 몸에 손까지 대는 행위는 자제해주시기 바랍니다"라고 간곡히 부탁했다. 그 후에도 수차례 더 부탁을 드려야 했는데, 회장님의 말과 행동은 전혀 달라지지 않았다.

지배인은 그래도 포기하지 않고 계속 "자제해주시길 부탁드립니다", "계속될 경우에는 직원들이 노동조합을 찾아가거나 가족에게 알려서 법적 행동을 취하겠다고 합니다"라는 메시지를 전했다. 마침내 지배인 S는 K회장님과 마주 앉게 되었고, 회장님은 "딸 같고 조카 같은 애들이 고생하는 게 안타까워서 힘내라며 등 몇 번 두드리고 기분 풀어주는 말을 한 것뿐인데, 그것을 그렇게 왜곡해서 받아들이면 어떡하나!"라는 항변을 했다. 이에 지배인은 "회장님, 죄송하지만, 직원들이 회장님 생각을 이해하지 못한다고 그들 탓을 할 수는 없습니다. 그만해달라는 의사를 분명히 전달했음에도 불구하고 불편한 상황이 계속되니 직원들은 무시당하고 있다는 생각에 모욕감마저 느끼게 된 것입니다. 저희 직원들 모두 금지옥엽으로 자란 귀한 딸들입니다. 회장님 자손이 일터에서 이런 대접을 받는다면 어떤 기분이 드실지 생각해봐주십시오"라고 답하면서 "정 농담할 대상이 필요하시면 언제든 저를 부르십시오. 제가 들어드리겠습니다"라고 덧붙이면서 안타까움을 담은 미소를 지었다.

이 일이 있은 며칠 뒤 비서실에서 연락이 왔다. 회장님이 더 이상 호텔을 이용하지 않기로 결정하셨다는 전언이었다. 큰 VIP 고객을 잃은 회사에서 어떤 반응을 보일까 지배인과 직원 모두 전전긍긍했지만 별일 없이 지나갔다. 오히려 직속 부서장으로부터 "잘 처리했다!"는 말을 들었고, 나중에 이 사건 경위를 들은 노동조합 위원

장은 "직원들을 지켜줘서 고맙다"고 했다. 발생하지 않았더라면 좋았을 사건이었지만, 이 일을 계기로 직원들은 회사에 대한 충성도가 커졌고, 무엇보다도 침묵하고 있어선 안 되는 상황에서는 "죄송하지만, 안 됩니다!"라고 말할 수 있는 용기를 갖게 되었다.

터무니없는 협박에 고개 숙이지 않기 서비스제공자가 격을 갖추어 고객을 대한다면, 또한 고객에게 그것을 당당하게 요구할 권리가 있다는 것을 기억해야 한다.

서비스 직원은 고객서비스에서 자신을 무조건 낮추거나 서번트servant가 되어야 한다고 착각한다. 서비스제공자는 서비스를 직업으로 삼은 사람인 것이지, 서비스하는 직원이라고 고객보다 인격적으로나 인간적으로 낮은 위치에 있는 사람은 아니라는 사실을 잊지 말아야 한다.

고객은 서비스를 구매하면서 권리를 갖는 것이고, 서비스제공자는 서비스를 통해 고객가치를 창출하고 그에 응당한 값을 고객에게 요청할 권리를 갖고 있다. 그러므로 고객과 서비스제공자 간의 관계는 동등한 관계다. 고객이 상위에 있고 서비스 직원은 하위에 서야 하는 상하 관계가 아닌 것이다. 이런 동등한 관계를 유지하면서 상호 만족하고 감동하는 서비스가 지속되기를 바란다면 서로 간에 예의를 지키고 존중해주어야 한다.

특히 서비스제공자는 고객의 위협적인 태도와 협박에 고개 숙여서는 안 된다. 호텔 총지배인과 친분이 있다고 큰소리치면서 무료 객실 업그레이드나 와인, 과일 바구니 셋업을 요구한다거나, 대기업 총수 가족이라고 하면서 특별 대접을 요청하고, 이에 담당 직원이 "이미 예약이 마감되어 힘들 것 같습니다"라고 답하면 "○○○부장에게 전해서 어떻게든 자리를 만들라고 해라"라고 명령하는 고객에게는 당당히 맞서야 한다. 서비스 현장과 상황을 가장 잘 아는 일선 서비스제공자의 판단이 객관적이고 합리적이라면 다른 어떤 이유로도 굽혀선 안 된다.

"안 됩니다"라는 말을 하지 않으면서도 '다른 대안을 제시'하거나, '형평성에 맞지 않는다는 설명을 하면서 설득'하거나, '다른 고객에게 불편을 끼칠 수 있어서 어렵다는 것을 논리적으로 설명'하면서 고객이 터무니없는 주장을 계속하지 않도록 해야 한다. 고객의 위협적인 말과 행동은 상하 관계에서나 통하지, 동등한 고객-서비스제공자 관계에서는 통할 수 없다는 것을 올바른 방식으로 알리는 능력이 필요하다.

고객 요청을 최대한 수용하고 실행하는 것이 서비스제공자의 역할이다. 그러나 때로는 옳지 않은 요구이기 때문에 수용할 수 없는 것도 있다. 이런 경우에 서비스제공자는 고객만 보고 고객 말만 따르는 것이 아니라, 요청과 요구사항이 모두에게 옳은지, 부가적인 문제가 없을지를 고려해야 한다.

사람인 서비스 직원이 실수하는 것처럼, 고객도 사람이기에 간혹 자기 위주의 언행을 고집하고, 터무니없는 요구와 억지를 부리기도 한다. 그래서 서비스제공자에게는 공감과 함께 설득력과 용기가 필요하다. 아닌 것은 "아니다"라고 말하는 용기와 더불어 공감과 설득력으로 상대를 이해시킨다면 비록 당장은 얼굴 붉히는 상황을 피할 수 없을지라도 결국 모두에게 긍정적인 결과를 가져다준다.

26

룰을 깨는
용기를 가져라

Have the courage to break the rules

모든 호텔서비스 기업은 고객서비스를 위한 정책과 스탠더드를 수립하고, 구성원을 위한 규칙도 세워두고 있다. 이것은 고객과 구성원이 호텔에서 근무하고 호텔을 이용하는 동안 각자의 위치에 따라 Do & Don't가 무엇인지를 명확히 알려주기 위함이다. 또한 호텔 · 회사의 규정이나 규칙을 어기는 경우에는 구성원으로서의 자격을 박탈당할 수 있으며, 고객 또한 서비스를 제공받을 자격을 잃을 수 있음을 알려주기 위해서다. 규정이나 규칙은 물론 대중과 공공의 편익을 위해서 당연히 필요하다. 그러나 **문제는 규정과 규칙에 세뇌당해서 규칙의 틀**

안에 갇혀 자유로운 사고와 유연성을 잃고 로봇처럼 판단하고 행동하는 서비스제공자들이 점점 더 많아지고 있다는 사실이다.

한 고객이 조식을 오전 11시까지 하는 카페에 11시 01분에 도착해서 조식 세트를 주문하려고 했다. 그때 직원이 답변하기를, AI로봇 같은 기계적인 표정과 말투로 "이미 끝났습니다! 지금부터는 점심 메뉴만 가능합니다!"

한 고객은 레스토랑에 웨이팅 접수를 한 후 30분 넘게 기다려야 하는 상황이라 다른 일을 보면서 시간을 보내다가, 입장하라는 메시지를 미처 못 보고 5분 정도 늦게 도착했다. 그러자 직원이 사무적인 표정과 말투로 "메시지를 보낸 즉시 입장하지 않으면 자동 취소되는 시스템이라 어쩔 수 없습니다! 오늘 대기는 이미 마감되었습니다!"라며 문전박대한다.

사실 고객서비스 일선에 있는 서비스제공자들은 서비스 규정과 업무 스탠더드에 매여 로봇처럼 일할 수밖에 없는 환경에 놓여 있다. 고객서비스에 대한 각자의 생각과 의견을 갖고 있지만 이것은 접어두어야 한다. 대부분의 서비스제공자들은 로봇이 되어 주어진 업무 규정과 규칙에 따라 기계적인 서비스를 하도록 강요받고 있는 것이 현실이다.

기업에는 규정과 규칙이 존재한다. 경영진과 구성원은 회사의 규정과 규칙을 존중하고 준수해야 할 책임과 의무를 갖고 있다. 물론 규정과 규칙이 존재하는 이유가 분명히 있으며, 그것들이 존재하는 한 존중하고 최대한 지켜야 한다는 것에 나도 동의한다. 법, 규정, 규칙이 존재하여야 수많은 불필요한 갈등과 혼란을 막을 수 있기에 반드시 필요하다.

그러나 톱니바퀴가 한 치의 어긋남 없이 돌아가듯 인간사가 규정과 규칙 안에서 한 치의 벗어남도 없이 돌아가야 한다는 주장에는 동의할 수 없다. 그것은 인간임을 포기하고 인간성을 존중하지 않는 행위다. 오로지 규정을 지키고 있는지, 규칙에 어긋하는 것은 없는지만을 살피고 따지는 것은 인간의 삶이 아닌 기계의 삶을 강요하는 것이기 때문이다.

규정과 규칙의 노예가 되어 자유로운 사고 능력을 잃어버리고, 낡고 구태의연한 규정과 규칙으로 인해 정의롭고 올바른 판단이 저평가되거나 무시되어서는 안 된다. 특히 생산과 소비가 동시에 발생하는 특징을 갖고 있는 서비스 현장에서는 더더욱 규정과 규칙만 따를 수 없다. 이 '동시성'으로 인해 돌발 변수가 자주 발생하고 고객 니즈와 기대에 따라 유연성이 매우 요구되는 고객접점에서 서비스제공자가 "호텔 정책에 따라서", "회사 규정이기 때문에"라면서 서비스 제공을 회피해서는 안 된다.

최고의 서비스제공자, 서비스 전문가를 꿈꾼다면 "회사 규정상 어려울 것 같지만, 시간을 주신다면 가능한 방법을 찾아보겠습니다"라고 말해야 한다. 실제 룰을 깨지 못하는 경우가 더 많겠지만, 필요하다면 룰을 깰 수 있다는 용기를 가져야 한다. 사람과 사람 간의 관계 형성은 룰을 깨는 용기에서 비롯되기 때문이다.

tip

룰을 깨는 용기 기르기

- 규정과 규칙은 등대지기와 같은 역할이다. 방향을 잃지 말아야 하기에 반드시 필요하지만, 항해 중 등대를 너무 의식하게 되면 항해의 즐거움도, 새로운 바다를 발견하는 기쁨도 누릴 수 없다.

- 규정과 업무 스탠더드를 두려워하지 마라. 대상이 무엇이든 두려워하면 그에 얽매이게 되고, 그의 노예가 되어 조종당하게 된다. 가지 말라는 길에 들어설 때 두려움이 따르는 것은 당연하다. 가보지 않은 길은 위험하고 험난할 거라 생각된다. 그러나 옆길로 새보지 않으면 새로운 길을 발견할 수 없다. 두려워 말고 옆길로 빠지는 용기를 가져라.

- 우리를 옥죄고 있는 현재의 규정과 규칙이 천년만년 전부터 내려온 것이 아님을 기억하자. 그것들은 불과 몇십 년, 불과 몇 년, 심지어 불과 몇 달 전에 만들어진 것일 수 있다. 모든 정책과 규정은 당시의 상황과 필요에 의해서 탄생된 것이다. 수정되고 추가되며 변해왔고, 언제든 변할 수 있고, 언젠가는 변할 것이다.

- 회사의 정책과 규정뿐 아니라 개인의 규칙과 규범 또한 변할 수 있고 변해야 함을 기억하자. 잘못된 루틴은 잘못된 결과를 낳을 뿐이다. 변해야 산다. 끊임없이 변하는 과정이 진화고, 진화해야 지속가능한 삶을 기대할 수 있다.

- 규정과 규칙 위에 유연성과 공감을 쌓아라. 고급 호텔에 투숙하면서 개인 사정으로 특별 요청을 했을 때 "저희 호텔 규정상 그것은 가능하지 않습니다!"라고 딱 잘라 말하는 직원의 대답을 듣는다면 기분이 어떨까? 반대로, 분명 호텔 입장에서는 수용하기 쉽지 않을 거라 생각하면서도 혹시나 하는 마음으로 부탁했을 때 "호텔 규정상 어렵지만, 최선을 다해 도와드릴 수 있는 방법을 찾아보겠습니다"라는 직원의 공감 어린 답변을 듣는다면 어떤 마음이 들까?

서비스 현장의 서비스제공자는 규정과 규칙의 존재 이유와 목적을 정확히 알고 수시로 상기해야 한다. **규정은 공정한 고객서비스를 위해 만들어진 것이지, 기계적으로 생각하고 기계적으로 행동하라는 지침이 아니라는 사실이다. 룰이 아닌, 사람을 기쁘게 하고 사람을 살리는 용기가 절대적으로 필요하다.**

27

무대에서 그대의 춤을 춰라

Dance your own dance on stage

대선배이자 절친인 L과 같은 호텔에 근무할 때 이런 이야기를 자주 했다.

“우리는 연극배우야. 완벽하게 준비된 모습으로 무대 위에 올라야 하고, 청중 앞에서 한 치의 실수도 없이 주어진 역할을 멋지게 소화해 내야만 하는 것이 꼭 닮았어. 그렇지 않으면 청중들의 박수갈채도, 감동 어린 표정도 기대할 수 없으니까….”

이런 한탄 섞인 대화도 나눴다.

“연극배우보다 호텔리어 일이 훨씬 더 힘들지! 고객서비스는 미리 짜여진 각본이 없으니… 각본도 없고 상대 배우(고객)가 누군지도 전혀 알지 못한 상태로 '고객서비스'란 무대에 서서 실시간으로 던져지는 시나리오를 받아 완벽하게 이해하면서 결함 없는 서비스제공자의 역할을 해야 하는 우리 호텔리어의 역할은 정말이지 아무나 못 하는 거야! 무대 위에서 어떤 일이 벌어질지 예측이 안 되니 미리 연습하고 준비하기도 힘들고, 예상외의 또는 처음 겪는 일로 인해 작은 실수라도 하게 되면 고객과 지배인들로부터 온갖 질타를 받아야 하니… 호텔리어의 운명도 참!"

하지만, 마지막은 늘 이런 말로 끝냈다.

"그래도 우리가 호텔리어 옷을 벗지 못하는 것은 이 옷이 주는 자부심과 일에 대한 끊을 수 없는 사랑 때문이지. 블라인드 데이트를 하듯이 각본 없는 무대 위에서 처음 만난 상대의 니즈와 기대에 부응하며 완벽하고 멋진 춤을 추기 위하여 끊임없이 스스로를 가다듬고 채찍질하는 과정이 힘들기보다는 즐거움이 더 크니까. 그리고 함께 춤을 춘 상대(고객)로부터 "멋진 춤에 감동했다!"라는 찬사를 들었을 때 그 기쁨과 충만감은 말로 표현할 수 없지."

그렇다. 호텔리어 서비스제공자는 무대 위에 서는 연극배우와 같지만, 훨씬 더 힘들고 고된 역할을 맡고 있다. 연극배우에게는 잘 짜여진 시나리오가 주어지고, 연기를 지도해주는 감독이 있지만, 서비스제공자는 각본도 감독도 없이 홀로 무대 위에 서야 한다. 무대 위에서의 고독감을 떨치면서 실시간으로 일어나는 고객의 행동과 요구사항에 신속하고 정확하게 대응하고 예기치 못했던 문제들까지 해결해 나가야 한다.

나아가 어떠한 사정과 상황에 관계없이 고객의 기대에 부응하고 기대를 능가하면서 긍정적인 고객경험을 제공해야지만 최고의 서비스제공자라는 찬사를 들을 수 있는 자격이 주어진다. 실로 힘든 직업이다. 때로는 "이렇게 힘든 일을 왜 놓지 못하고 계속 붙들고 있을까?"라는 자책감이 들 때도 있었다.

그러나 그런 생각은 잠시뿐, 사실 호텔리어 서비스제공자만큼 멋진 일을 하는 직업은 많지 않다. 서비스제공자가 '서비스'를 통해 사람의 마음을 얻고, 사람의 가슴에 감동의 물결이 일게 하고, 평생 가는 인연(관계)까지도 만들어내는 것은 정말 대단한 일이며 절대 아무나 할 수 없는 일이다.

보고 만질 수 있는 제품을 파는 것은 쉽다. 제품이 갖고 있는 성능과 품질을 파는 것이기에 '나'의 성능과 품질이 고객의 구매 의도나 제품에 대한 만족도에 크게 영향을 주지 않는다. 그러나 보이지 않고 만질 수 없는 인적서비스의 경우 서비스를 직접 생산하고 판매하는 '나'의 성능(역량, 능력)과 품질(서비스 마인드, 태도)이 고객만족과 경험에 지대한 영향을 미친다.

또한 보고 만져지는 상품으로 이어진 관계는 일회성에 그치거나 일시적이지만, 보이지 않고 만질 수 없는 인적서비스로 이어진 관계는 오래 지속될 수 있다. 물론 서비스제공자가 주어진 무대에 어떤 모습으로 서느냐에 따라 다를 수 있다.

모든 무대가 사랑받고, 모든 연극배우가 박수를 받을 수 없듯이 모든 서비스제공자가 고객의 인정을 받지는 못한다. 그러나 고객의 사랑을 받고 감동을 부르는 서비스 스토리와 스토리텔러에게는 다른 점이 분명히 있다. 훌륭한 스토리텔러 서비스제공자는 보여주기식 연기가 아닌, 진정성을 바탕으로 오직 자기만이 소화할 수 있는 역할을 멋지게 해내면서 영원히 기억될 순간과 감동을 청중(고객)에게 전달하는 능력을 갖고 있는 것이다.

tip

무대 위에서 자신의 춤 추기

카리스마를 장착해라

- 청중의 마음을 사로잡는 것은 예쁘고 늘씬한 배우가 고가의 화려한 의상을 입고 서 있는 모습이 아니다. 평범한 의상 속에서도 매력과 우아함을 풍기고 카리스마가 넘치는 배우에게 사람들은 매혹된다. 본 연기 시작 전에 그대의 카리스마에 이미 압도되면서 엄청난

크레디트를 줄 것이다. 반대로, 정제되지 않은 말투, 무신경한 옷매무새, 비호감을 부르는 매너와 제스처는 연기 실력 자체와 무관하게 청중의 큰 실망을 부르고 감정까지 상하게 할 수 있다. "전혀 준비가 안 된 배우가 어떻게 이런 중요한 무대에 설 수 있지!"

- 자기만의 시그니처 룩을 창조해라. 배우를 판단하는 청중의 으뜸가는 기준은 룩look이다. 무대에 오르는 순간, 청중에게 잊히지 않을 첫인상을 주고 싶다면 그대만이 보여줄 수 있는 룩(백만 불의 가치를 지닌 자태와 표정, 색과 향기,미소와 눈빛)을 만들어야 한다. 이 요소들의 최상의 조합으로 탄생된 강렬하고 긍정적인 첫인상은 시작부터 청중의 마음을 활짝 열리게 할 것이다.
- 무대 위의 언어와 매너는 클래스가 달라야 한다. 자기만의 언어와 매너를 만들어라. 무대에서 그대가 사용하는 언어와 보여주는 매너로 청중은 그대의 가치와 신뢰성을 평가한다. 여러 언어를 능숙하게 구사하느냐의 문제가 아니다. 고객은 쓸데없이 말만 많고 격이 떨어지는 언어를 사용하는 서비스제공자를 인정하지 않는다. 올바르고 품격 있는 언어를 시의적절하게 활용하기 위한 학습과 꾸준한 연습을 해야 한다. 업무 지식과 스킬을 익히는 것도 중요하지만, 매너와 에티켓을 갖추는 것은 무엇보다 우선시되어야 하는 기본 중의 기본이다. 잘 갖춰진 언어와 매너만으로도 큰 신뢰를 얻을 수 있다.
- 자신의 보디랭귀지에 민감해라. 청중은 무대에 서 있는 그대의 일

거수일투족을 지켜보고 있다. 언행도 물론 중요하지만, 청중에게 민감하게 전달되는 것은 무의식적으로 나오는 보디랭귀지다. 그럴싸한 말 뒤에 숨겨진 찰나의 표정이나 손짓, 발짓은 파워풀하다. 보려고 하지 않는 사람의 눈에는 안 띄겠지만, 쳐다보고 있는 사람 눈에는 적나라하게 드러나면서 말보다 앞서 사람의 마음에 들어가 박힌다. 보디랭귀지가 말과 일치하지 않을 때 믿음이 깨진다. 말보다 보디랭귀지가 진실에 가깝다는 것을 사람이라면 본능적으로 알 수 있기 때문이다.

가면과 가식을 벗어라

무대에서 그대 자체로 빛나야 한다. 그대 자체로 아름다워야 한다. 꾸밈없는 모습으로 서야 한다. 무대 위에서 타인의 역할을 하거나 타인을 흉내 내서는 안 된다. 자신이 맡은 역할을 자기 방식대로 표현하고, 온전한 자기의 연기로 관객에게 감동과 웃음을 전달해야 한다.

무대 위의 시간을 즐겨라

무대 위에서는 오직 그대만이 존재한다. 오롯이 그대의 시간이다. 이 시간을 기쁨으로 만들지, 아니면 눈물로 마감하게 만들지는 그대의 판단과 행동에 달려 있다. 고객과 그대 모두 서로에게 감사하고 행복할 수 있는 시간을 만들어주고 싶다면 무대를 진심으로 즐겨야 한다.

유아독존의 정신으로 몰입해라

'고객서비스'라는 무대에서 그대를 도와줄 사람은 오직 그대뿐이다. 스스로 도우려면 '몰입'해야 한다. 고객에 대한 몰입만이 고객 마음을 사로잡을 수 있다. 그대의 영혼 없는 언행은 고객의 영혼에 어떤 감흥도 불러일으킬 수 없음을 기억해라. 고객에게 끌려가지 않고 고객을 끌어당겨야 한다. 그것을 도와줄 무기는 바로 고객에게 몰입한 그대의 미친 감성과 깊은 진정성이다.

28

개인 주요성과지표(KPI)로 휴먼 커넥션을 다져라

Strengthen human connection based on personal KPIs

직업상 지난 30년간 수없이 많은 사람을 만나고 대화해왔다. 고객서비스에서 10년을, 인사 교육 분야에서 20년을 일하면서 만난 고객들과 직원들, 거기에 더해 여섯 개의 호텔 오픈에 참여하면서 채용을 위해 인터뷰한 지원자들까지 포함해서 수천 명은 만난 것 같다. 짧고 길게 만나고 대화했던 그 많은 사람들 중에서도 내게 깊은 인상을 주었거나, 여전히 기억 속에 생생히 남아 있고 오랜 인연까지 이어가는 고객이나 직원의 특징을 돌아보게 되었다. 그러면서 그들의 놀라운 공통점을 발견하게 되었는데, 한결같이 자신이 원하는 길을 꾸준히 걸어가면서 승승장구하고 있다는 사실이며, 그것을 가능케 한 것은 다름 아닌 구체적이고 철저한 자기 성찰과 분석이었다.

비슷한 환경과 상황에 놓여 있어도 각 사람의 반응이나 행동은 모두 다르다. 거센 폭풍우가 몰아칠 때 무조건 피하는 사람이 있는가 하면, 어떻게 해서든 그 속을 뚫고 헤쳐 나가겠다는 의지를 품고 한 발짝씩이라도 앞으로 전진하는 사람이 있다. 아스팔트 길인 줄 알고 들어섰다가 험한 가시와 덤불로 뒤덮인 길이 나타나면 불평하며 돌아서는 사람이 있는가 하면, 당장은 생각지 못한 험난한 길이 눈앞에 펼쳐졌지만 그 길의 끝에서 활짝 웃으리라는 긍정의 마인드로 담대히 한 발을 내딛는 사람이 있다.

이 둘의 차이는 의외로 단순한 차이로 결정된다. 자신이 '어디서 왔고, 현재 어디에 서 있고, 앞으로 어디로 갈 것인가'를 아는가, 알지 못하는가의 차이이다. 아는 것을 행동으로 옮기는가, 옮기지 못하는가의 차이이다. 어디서 왔는지를 안다는 것은 어제의 모습을 안다는 것이고, 어디에 서 있는지를 아는 것은 오늘 자신의 모습을 알고 있다는 것이며, 어디로 갈지를 아는 것은 내일의 모습을 확실히 그리고 있다는 의미다. 이러한 직업의식, 직업에 대한 자부심과 목표가 확실한 서비스 제공자가 반드시 하는 일이 있는데, 그것은 자신의 주요성과지표KPI : Key Performance Indicator를 파악하고 분석하는 것이다.

tip

개인 KPI로 휴먼 커넥션 강화하기

개인 GEIM(Guest Experiences & Inspirations Measure)을 설정하라

- 매일 서비스를 제공한 고객의 피드백을 받아라. 고객이 자진해서 안 주면 질문해라. "고객님의 피드백은 저의 서비스 향상에 큰 도움이 될 것입니다. 솔직한 코멘트 부탁드립니다. 시간 내주셔서 감사합니다"라고 말씀드리면 거의 대부분의 고객은 짤막한 피드백이라도 건네줄 것이다.
- 긍정 피드백만이 아닌 부정적인 피드백도 꼭 청해야 한다. 비를 맞아봐야 비를 피하는 법을 알게 되고, 비를 맞은 후 잘 추스르고 나면 더욱 단단해질 수 있다.
- 매일 받은 고객 피드백을 기록하고 추이를 그래프로 그려라. 단순한 막대나 원그래프로 그려놓고, 그래프의 움직임을 주별, 월별, 분기별로 분석해라. 긍정적 피드백은 상승 곡선으로, 부정적 피드백은 하강 곡선으로 향하는 것을 목표로 하는 것은 당연하다. 이 표를 벽에 붙여놓고 수시로 들여다봐라.

개인 DAI(Daily Achievement Indicator)를 설정하라

실행한 일과 그 결과를 기록하고 분석해라. 일상적인 업무 내용과 간헐적 업무나 프로젝트의 실행 계획부터 과정과 결과에 대한 액션플랜을 수립해라. 수립한 액션플랜을 실행하고, 수정 보완하고, 결과를 보면서 왜 그런 결과가 나왔는지 철저히 분석해라. 이것은 두 가지의 의미를 갖는데, 하나는 '작고 사소한 성공'이 모여서 '크고 위대한 성공'이 된다는 것이다. 작은 업무라도 시간 안에 완벽하게 마쳤다면 그 성과는 큰 박수를 받아야 한다. 타인이 아니면 자기라도 스스로에게 칭찬의 박수를 쳐주어야 한다. 자기 동기부여의 기본이다. 다른 하나는 목표로 한 결과가 나오지 않은 경우, 그 원인이 계획이 잘못되어서인지, 아니면 과정과 방식의 문제인지를 명확히 파악할 수 있다는 것이다. 과정 없는 결과도 없지만, 계획과 과정이 좋았어도 결과가 원하는 대로 안 나오는 경우도 있다. 중요한 것은 철저한 분석만이 추후에 어느 부분을 수정하고 보완해야 하는지를 알게 한다는 사실이다.

개인 CAM(Connection Ability Measure)을 설정하라

단순한 칭찬의 말로 그치지 않고 "○○○가 있어서 내가 여기를 재방문할 의향이 생겼다"라거나 "그대 때문에 내가 이곳을 이용하는 것이니 절대 다른 데 가면 안 된다"라는 고객을 확보해야 한다. 그 고객은 더 이상 브랜드 명성을 본다거나 유명인이나 인플루언서가 방문한 호텔이나 레스토랑이라서 온 것이 아니라, 그대가 있기 때문에 다시 찾은 것이다. 기업에 대한 로열티가 아닌, 그대에게 로열티를 가진 고객을 늘려나가야 한다. 그런 고객이 한 명도 없다면 이제부터라도 만들어라. **매일 한 명이 어려우면, 한 주에 한 명이라도 "나를 보고", "내가 있어서" 방문하는 고객을 확보하는 데 전력해라.** 이 고객은 그대의 고객이고, 그대가 어디에 있든 평생 갈 고객이다. 이 고객이 그대의 성장을 도와주고 그대의 영원한 응원자이자 지지자가 될 것이다.

개인의 KPI는 기업의 그것과 마찬가지로 중요하다. KPI는 현재 자신이 서 있는 위치와 앞으로 나아가야 할 방향을 명확히 알려주는 기준이 된다. '엉뚱한 데 삽질하지 마라'는 말처럼 아무 생각 없이 그저 열심히만 일한다고 자신의 목표와 목적을 달성할 수 있는 것이 아니다. 자신의 업에서 추구하는 방향을 확실히 정한 뒤, 좌충우돌할망정 탈선하지 않고 자신의 길 위에 여전히 서 있는지와 매일 한 걸음씩이라도 전진하고 있는지를 아는 것이, 길을 잃고 헤매다가 결국 주저앉아 포기해버리는 불행을 막는 길이다.

실수와 실패를 경험하면서도 인내와 용기를 잃지 않으면서 포기하지 않는다면 그 길은 반드시 성장과 성공으로 이어질 것이다. 무엇보다 그 길 위에서 향기롭고 아름다운 휴먼 커넥션을 만들어갈 수 있다. 이것이 서비스제공자의 가장 큰 행복이자 성취다.

29

가치 있는 유산을 남겨라

Leave a legacy worth passing on

유산legacy은 대를 이어 보존할 가치가 있는 한 시대의 유물이나 유적, 정신을 의미한다. 국가적 유산에는 각 시대를 산 선조들의 삶과 역사, 문화와 사상이 담겨 있으며, 이를 배우고 키워 더 크고 의미 있는 유산을 후대에 남길 수 있게 된다. 한 개인의 유산은 일반적으로 고인이 삶을 마감하면서 남긴 물건이나 물질을 의미한다. 이때 유산의 형태에 따라 환영받지 못할 수 있다. 상속인에게 이득이 되는 유산은 기쁘게 받겠지만, 거부하고 싶은 유산도 있다.

현직에 있는 동안 직원들로부터 간혹 "레전드급이다"라거나 "레거시를 만들고 있다"라는 과분한 말을 들을 때가 있었는데, 당시에는 레거시가 갖고 있는 묵직한 무게와 가치의 의미를 크게 생각지 못했었다. 그러나 어느덧 장년의 나이로 접어들었고 작년 이맘때 퇴직을 하면서 유산의 의미에 대해 진지하게 생각해보는 시간을 갖게 되었다. 그 후 나온 결론은, 유산이 진정한 레거시로 불리기 위해선 두 개의 요소가 반드시 담겨 있어야 한다는 것이다. 그것은 '시간'과 '정신' 가치다.

'유산'에 대한 생각을 하면서 몇 개월 전 시청한 한 TV 프로그램에서 소개된 그라스마이어의 스토리가 떠올랐다. 오스트리아의 작은 마을 인스부르크Insbruk에 위치하고 있는 그라스마이어는 1599년 창립된 이래 지금까지 수작업으로 종을 만드는 회사다. 오늘날까지도 운영되고 있으니 무려 400년 이상 이어져온 것이다. 오직 종만으로 수백 년을 이어왔다는 사실도 놀라웠지만, 더욱 놀라웠던 점은 14대 후손이며 현 CEO가 전해준, 대대로 이어지고 있는 경영 철학이었다. 인스부르크의 조그마한 종 회사가 현재는 전 세계적으로 알려진 수제 종 전문 기업이 되었음에도 외형적인 확장에 초점을 두지 않고 있다는 것이다. 그러면서 그라스마이어가 한결같이 이어가는 정신은 '종을 만드는 기쁨'을 유산으로 남기는 것이라고 했다. 그의 말을 들으면서 깨달았다. '수백 년이라는 긴 시간의 무게를 이기는 힘이 바로 이것이구나!' 가슴 뭉클하게 밀려드는 감동과 함께 아름답고 멋진 유산을 남기고 받는 그라스마이어 가족과 직원들에게 부러운 마음이 들었다.

100년을 이어오는 기업이나 노포의 경영철학과 방식을 살펴보면 공통점이 있다. 그들은 매출과 이익을 올리면서 외형을 키우는 데 치중하지 않는다는 것이다. 반면, 하나같이 품질과 고객과 사람에 집중하고 있었다. 그들의 장수와 명성의 비결은 꺾이지 않는 신념과 가치 실현이었다. 혼자 빨리 멀리 가려고 하기보다, 함께 천천히 제대로 오래 가겠다는 불굴의 정신이 근간을 이루고 있다.

tip

유산 남기기

넘기고 싶은 유산이 아닌, 받고 싶은 유산을 남겨라

유산의 가치 평가는 후대의 몫이다. 이 순간부터라도 매일의 삶과 일에서 후대, 후배가 간절히 받고 싶어 할 유산을 어떻게 만들고 남길 수 있을지 깊이 고민해야 한다.

시간 가치가 담긴 유산을 만들어라

맛있는 밥을 위해서는 충분히 뜸 들이는 시간이, 와인의 깊은 맛을 위해서는 숙성의 시간이 필요하듯이 '시간의 가치'가 담긴 서비스가 오래도록 보존하고 이어가고 싶은 유산이 될 수 있다. 지금 당장 최고의 서비스를 하지 못해도 괜찮다. 서비스의 즐거움을 알고, 기쁜 마음으로 서비스하고, 그대의 서비스로 고객이 행복한 미소를 짓게 하면 된다. 이것을 매일 실행하는 데 그대의 시간을 올인해라.

뒤돌아보고 옆에 눈길 주느라 쓸데없는 시간을 허비하지 마라. 우직하게 바보스러울 정도로 앞만 보며 그대의 길을 가는 데 시간을 쏟아라. 오늘 그렇게 하고, 내일 그렇게 하고, 내년에도 그렇게 하고 계속 그렇게 하다 보면 어느 날 거울 속에서 자부심과 당당함 위에 우뚝 선 서비스 전문가를 보게 될 것이다. 티끌이 모이고 모여 마침내 태산을 이루듯 매 순간을 진실의 순간으로 만들겠다는 열정과 인내의 시간은 그대만이 남길 수 있는 유산을 약속해줄 것이다.

정신 가치가 담긴 유산을 만들어라

가치의 차별화는 아주 단순하고 사소한 것으로부터 시작된다. 진정한 가치는 사막의 오아시스처럼 눈에 쉽사리 띄지 않고 찾기 힘들지만, 사막의 여행객에게 오아시스는 생명줄이기에 반드시 찾아야만 한다. 피상적이 아닌 본질적 가치를 창조해라. 정신 가치는 모방과 전이가 거의 불가능한 본질적이고 지속가능한 가치다. 정신 가치가 담긴 서비스를 만들고 싶다면 명장이 명품 제작에 들이는 몰입과 정성을 배워야 한다. 장인정신의 진심과 일관된 태도가 그대의 서비스 정신에 녹아 있어야 한다. 명장과 장인이 남기는 유산은 명품과 물건 자체가 아니다. 그들의 자부심과 신념, 사명감이다. 이것이 담겨 있기에 그저 '물건'이 아니라 '유산'으로 보존하고 이어나가는 것이다.

호텔 지배인이 된 초기에 하우스키핑 메이드였던 O로부터 받았던 감동의 순간이 아직도 생생하다. 룸메이드 O는 객실에 비치할 타올이나 용품을 준비할 때 다른 룸메이드에 비해 훨씬 긴 시간을 들였다. 시간만이 아니라, 타월 한 장도 꼼꼼한 손길과 진지한 표정으로 미소를 담아 개키고 정리했다. 그렇게 개켜진 타월이 객실에 놓였을 때의 모습은 더 남달랐다. 객실의 욕실 선반에 반듯하게 놓여 있는 타월, 정갈하게 걸려 있는 가운, 세면대 옆에 그림같이 놓인 객실용품의 자태는 다른 메이드들의 그것과 확연하게 차이가 났다. 그녀가 정리한 객실을 체크할 때면 마치 명장의 작품을 대하듯 '와우!'라는 소리 없는 감탄이 절로 나왔고, 멋진 작품을 탄생시킨 장인의 숨결과 정신이 느껴졌다.

이런 장인정신 덕분에(?) 메이드 O는 체크아웃과 체크인이 많은 날은 거의 점심을 걸렀고 퇴근이 늦어졌는데, 본인은 전혀 개의치 않았고, 오히려 더 신이 나 보였다. 그 당시 오십대 중반의 꽤 연배가 있던 그녀를 걱정스럽게 지켜보던 나는 어느 날 조심스럽게 물었다. "왜 허구한 날 점심도 거르고 퇴근까지 늦추면서 과한 시간과 정성을 쏟으시냐… 그러다 건강 해치면 어떡하시냐…"고.

이에 대한 그녀의 대답은 이랬다.

"내게는 모든 손님이 다 VIP야. 내가 정비한 객실에 묵는 손님 입에서 '와! 이 호텔은 타월 한 장에도 온 정성을 담는 것이 느껴지네!'라는 감탄이 나오고, 손님에게 '진정 대접받고 있다!'는 기쁨을 전해주고 싶어서지."

구구절절 설명 없는 아주 간단한 이야기였지만, 그녀의 대답은 가슴을 찌르고 폐부에 깊이 와닿으며 초짜 지배인인 내게 큰 깨달음을 주었다.

'아! 바로 이것이구나! 그녀가 정비한 객실에 묵었던 거의 모든 고객들이 이구동성으로 칭찬하는 이유가!'

그 이후로도 나는 그녀로부터 '진심 어린 서비스가 무엇인지'와 '최상의 고객경험은 어디서 나오는지' 등 많은 것을 배웠다. 누군가는 "기껏해야 룸메이드일 뿐"이라고 할지 모르지만 '서비스 마인드'와 '고객경험 창출'에 있어서 그녀는 내게 최고의 멘토였다. 나아가 그녀의 마인드와 태도는 나에게 큰 가치를 지닌 유산으로 남아 짙고 어두운 안갯속을 헤맬 때마다 길잡이 역할을 해주었다.

30

호스피탤러티는 행복 바이러스!

Hospitality is a happy virus!

서비스란 단어 사용에 익숙한 우리는 호스피탤러티라는 단어가 꽤 생소하고 입에 붙지 않는다고 생각할 수 있지만 '호스피탤러티', 즉 '환대'의 의미는 모두 잘 알고 있을 것이다. 우리 집을 찾아온 손님을 따뜻하게 맞이하고, 깨끗하고 안락한 잠자리와 정성껏 준비한 음식을 제공하면서 손님이 편안하고 즐겁게 지내시기를 바라며 환영하고 대접하는 것이 환대임을 우리는 알고 있다.

선조 대대로 내려오면서 우리의 몸과 정신에 깊이 녹아 있는 문화유산들 중에서 내가 가장 좋아하고 또 소중하게 생각하면서 후손들에게 반드시 물려주어야 한다고 생각하는 것이 바로 이 한국인의 '정'과 정성과 따스함이 담긴 '손님 접대'다.

어린 시절을 돌아볼 때마다 꼭 떠오르는 어머니와 관련된 아름다운 기억이 있다. 예전에는 행상이 참 많았다. 생활 기반이 없고, 자기 점포나 좌상을 마련할 길이 없는 사람들이 소금, 어물, 직물, 농산물, 수공업품 등등을 머리나 등에 지고 가가호호 찾아다니면서 물건을 팔았는데 이들을 행상이라고 불렀다. 하루에 보통 네댓 명씩 되는 행상이 집을 방문하곤 했는데, 어머니는 작은 것이라도 사주시려고 늘 애를 쓰셨다. 정 살 물건이 없을 경우에도 행상을 그냥 보내는 적이 없었다. 대청 끝 툇마루를 내어주면서 머리나 등에 진 짐을 내려놓고 잠시라도 쉬어가게 했다.

일 년에 열세 번씩이나 제사를 지내던 집에는 늘 제사 끝에 남은 과일이며 식혜, 수정과와 약과, 한과 등이 있었다. 그런 여름에는 그 다과들과 함께 시원한 식혜나 수정과를, 겨울에는 직접 끓이신 따끈한 생강차나 대추차를 내주었다. 하루 종일 발품 파느라 밥때를 놓친 단골 행상에게는 간단하게나마 밥상을 차려 내어주면서 요기를 달래게 했다. 그러면서 어머니는 따뜻한 눈빛과 손길도 함께 내미셨다. "이 악물고 이렇게 열심히 사니 꼭 좋은 끝을 볼 거야!"라며 젊은 나이에 남편을 여의고 아이들을 키우기 위해 행상에 나선 어느 여인에게 용기를 주셨다.

산간벽지 출신임에도 그 나름대로 서울에서 잘 자리 잡고 안정된

생활을 하시던 부모님께는 시골에 사시는 친척, 친지들의 방문이 꽤 많았다. 지금도 기억하는데, 그 당시에는 손님들이 어찌나 많았는지 한 달에 쌀을 한 가마(80킬로)나 먹었다고 한다. 그렇게 일거리를 찾으러 또는 서울 나들이를 위해 먼 시골에서 오신 손님들은 보통 며칠씩 묵으시곤 했는데, 기간에 상관없이 어머니는 당신이 할 수 있는 온 마음과 정성을 다하셨다.

도착 며칠 전부터 손님들이 쓰실 이불과 요 홑청과 베갯잇을 깨끗이 빤 다음 사각사각 기분 좋은 소리가 날 정도로 빳빳하게 풀을 먹여 준비하고, 손님들이 거처할 방바닥을 윤이 나도록 닦으셨다. 손님들이 머무시는 동안에는 매끼 새 밥을 정성껏 지으셨고, 가장 먼저 뜨는 밥이 손님들 밥이었으며, 손님들이 출타하여 귀가하지 않으셨을 때는 그 밥이 식을세라 두꺼운 이불 사이에 넣어 보관했다가 돌아오신 뒤 따뜻한 밥을 맛있게 드시도록 했다.

어머님이 워낙 음식 솜씨가 뛰어나시기도 했지만, 손님을 맞이하실 때는 유독 더 솜씨를 발휘하셨다. 음식을 준비하기 전에는 항상 손님이 좋아하시는 음식을 파악하셨고, 음식 재료를 준비하실 때는 "손님 대접을 할 때는 최고로 좋은 재료를 써야지"라고 하시면서 가장 크고, 제일 신선하고, 맛이 좋아 보이는 과일이나 야채, 고기와 생선을 고르셨다. 모든 재료를 직접 다 손질하셨는데, 그때의 신중하고 진지하게 움직이던 어머니의 눈빛과 손끝이 지금도 눈에 선하다.

그런 어머니의 모습을 보면서 나는 어머니가 만든 음식 맛의 비밀을 알게 되었다. 음식을 실제 조리하기 전 식재료를 준비하고 그 재료들을 다듬고 썰고 채 치고 다지고 밑간을 하는 모든 과정에 어머니는 특별한 양념을 넣으셨는데, 그것은 어머니의 마음과 영혼이었다. 어머니가 만들어낸 유일무이한 그 양념이 결국 어머니의 손맛이 되고, 그래서 어머니의 음식은 세상 어디서도 찾을 수 없는 아주 특별하고 유일한 가치를 지닐 수 있었던 것이다.

어머니만의 그 양념이 음식 조리 과정에도 고스란히 들어가고, 그렇게 정성껏 차려진 밥상을 내놓으실 때 어머니의 모습은 늘 한껏 상기되어 있었다. '과연 나의 이 음식을 손님들이 얼마나 맛있게 드셔주실 것인가?' 궁금해하고 초조해하는 모습이 역력했다. 당시의 나는 어머니의 그런 모습이 이해되지 않았고, 한편 좀 지나치다는 생각도 했던 것 같다. 어쨌든 어머니는 큰 직사각형 상 위에 한 상 가득 차려진 음식들 위로 손님들의 젓가락이 바삐 왔다 갔다 하고, 어느새 차려진 음식들이 게눈 감추듯 손님들의 입안으로 사라지는 것을 보면서 안도의 한숨과 더불어 얼굴 표정이 환하게 밝아지셨다. 맛있는 음식을 드시고 어린아이처럼 행복해하는 손님들을 보면서 어머니가 더 행복해지신 것이다.

며칠 후 손님들이 시골로 내려가실 때는 절대 빈손으로 떠나보내시지 않았다. 어머니는 시골에서 기다리고 있을 손님 가족들의 마음까지 헤아리셨다. 그 가족들이 갖고 싶어 하거나 필요할 물건들을, 비싸진 않아도 쓸모 있는 것들로 준비해서 손님 손에 들려주셨다. 선물

준비를 하시면서 "선물이란 것은 안 주면 몰라도 줄 거면 제대로 쓸 만한 것, 오래 간직되고 기억될 물건을 줘야지"라고 말씀하셨다.

어머니는 가족과 친척, 친지는 물론 살림을 도와주는 식솔과 행상들까지, 마주하는 모든 사람에게 똑같이 또 한결같이 어머니표 따뜻함과 특별함이 담긴 마음과 손길을 전했다.

사춘기 시절, 철부지였고 미성숙했던 내가 "어머니는 사람들에게 왜 그렇게까지 마음을 쓰느냐!"고 물었던 적이 있다. "너무 많은 사람이 늘 어머니가 뭔가 해주기를 바라고, 기대하고… 그렇게 해줘도 돌아오는 것도 없고 오히려 더욱더 받기만을 바라는데, 그것이 억울하고 힘들고 지치지 않느냐?!"고. 정확하진 않지만 그런 어리석은 투정에 어머니가 이렇게 대답하셨던 것으로 기억한다.

"감사하게도 할 수 있는 위치에 있기 때문에 그나마 베풀 수 있는 거란다. 기껏해야 우리가 할 수 있는 일은, 배가 고픈 이에게는 따뜻한 밥 한 끼 해주고, 마음이 고픈 사람에게는 격려 한마디 해주는 게 다지. 그런데 그렇게 할 때 내 기분이 더 좋아지고 행복해져. 정말 중요한 건, 우리의 마음을 받은 그 사람들이 좋은 마음으로 살아가게 될 거고, 그러면 그들의 좋은 기운이 다시 우리 집과 가족에게 돌아온다는 거야. 선한 일은 한 만큼, 아니 그 이상 되돌아오지. 결국 그 누구도 아닌 나와 우리 가족을 위한 일이란다."

그러면서 불교 신자이신 어머니는 이렇게 끝을 맺으셨다.

"부처님의 자비로 우리는 이렇게 안정되게 살 수 있지만, 언제든 우리도 저들처럼 힘든 상황에 처할 수도 있는데… 내가 할 수 있을 때 조금이라도 베풀면서 살아야지!"

어머니는 고등교육을 받지 못했고, 호스피탤러티의 정의나 개념에 대한 어떠한 교육도 받으신 적이 없다. 고객이 어떨 때에 만족하고 감동을 느끼면서 최상의 고객경험을 할 수 있는지에 대한 스킬이나 지식에 대해 당연히 들은 적도, 생각해본 적도, 또 그럴 필요도 없었다. 종갓집의 맏며느리이자 전업주부라는 역할로 평생을 사신 분으로, 서비스나 호스피탤러티 기업에서 일하면서 쌓을 수 있는 나름의 노하우나 통찰을 갖게 되신 것도 아니다.

그러나 어머니는 '진정한 호스피탤러티가 뭔지', '호스피탤러티의 기본 정신이 무엇인지'를 누구보다 잘 알고 계셨다. 무엇보다 어머니는 우리가 '골든 룰'이라고 알고 있는 '자신이 대접받고 싶은 대로 다른 사람을 대접하라'를 삶에서 온전히 실천하셨고, '작은 손길과 마음으로도 자신과 다른 사람을 큰 행복감에 젖어들게 할 수 있다'는 사실을 알고 계셨다.

호스피탤러티는 '헬퍼스 하이'helper's high(다른 사람을 도울 때 느끼는 만족감)를 부른다. 진정한 호스피탤러티를 실천할 때 인간은 어떤 물질적인 보상으로도 가질 수 없는 행복감과 충만감을 느낄 수 있다. 호스피탤러티 정신에 기반한 서비스는 고객과 서비스제공자 모두에게 무한한 기쁨과 감사를 공유하고, 행복을 나누는 관계를 맺게 해준다.

지속가능한 미래를 여는 핵심적 질문과 성찰

'호텔리어'란 한길을 쉼 없이 걸어온 30년의 시간이 쏜살같이 흘렀다. 처음 이 길에 발을 들여놓을 때는 전혀 상상도 할 수 없었던 기간 동안 호텔서비스 산업에 몸담아온 것이다.

이 길에 들어서면서부터 무성한 가시넝쿨을 헤치며 나아가야 했다. 허구한 날 거친 바위투성이의 높은 산과 깊고 음침한 골짜기를 넘어야 했고, 칠흑같이 어두운 바다 한가운데서 실낱같은 등대 불빛이라도 찾으려 안간힘을 써야 했으며, 한 치 앞도 안 보이는 짙은 안갯속을 헤매면서 금방이라도 숨이 멎을 것 같은 고통을 감내해야 했다.

그러나 포기하지 않았다. 간혹 포기하고 싶은 마음이 들 때는 이 길에 처음 들어섰을 때를 떠올리며 좌절감을 떨쳤다. 때때로 포기를 강요받을 때는 오늘이 아닌 내일의 모습을 떠올리며 버티고 버텼다. 정말 아이러니한 것은 이 모든 시간을 견디고 나니 지난 30년의 시간이 오롯이 '돈으로 살 수 없는 값진 경험'으로 쌓였고, 그 경험이 오늘 나의 모습을 세웠다는 것이다.

좋은 강철이 탄생되기 위해서는 오랜 단련의 과정이 필요하듯이 나에게 지난 30년은 호스피탤러티 정신의 뿌리를 깊게 내리고 무성한 잎과 줄기를 뻗으며 굳건히 설 수 있는 나무로 성장하는 데 꼭 필요한 시간이었다. 무엇보다, 강산이 세 번이나 변하는 시간 동안, 이 길에 발을 들여놓고 발을 빼지 않은 것을 단 한 번도 후회한 적이 없음에 감사하다.

또한 감사한 것은 굴지의 글로벌 브랜드 호텔에서 호텔리어 커리어를 시작할 수 있었고, 서비스 오퍼레이션 부문에서 10년을, 인적자원 경영과 인재개발 교육 부문에서 20년을, 더불어 여섯 번의 호텔 오프닝 프로젝트에 참여하는 기회를 가지면서 호텔서비스 운영과 고객서비스 전반에 걸쳐 폭넓은 경험을 축적할 수 있었다는 점이다.

호스피탤러티 정신과 태도는 현대의 산업 전반에서 필수 불가결한 가치로 자리 잡아나가고 있다. 고가의 고품질 제품이라 할지라도 고객의 기대를 만족시키고, 고객의 기대를 능가하는 서비스가 뒤따르지 않으면 결코 긍정적인 고객경험 창출을 기대할 수 없다. 거꾸로 고객은 가차없이 타 회사 제품으로 눈길을 돌릴 것이다. 상품이나 물건 자체의 품질과 성능도 중요하지만, 제품 구매 시부터 구매 후, 심지어 폐기할 때까지의 서비스 편익과 혜택이 구매 결정의 주요 변수가 된다. 특히 서비스 기업에서는 휴먼 서비스 품질이 고객 유치와 유지에 지대한 영향을 미친다. 이성보다는 감성에 더 많이 좌우되는 고가의 프리미엄 상품과 서비스를 주로 판매하는 기업에서는 더욱 그렇다. 결국 진정한 차별화는 상품의 품질과 성능이 아닌, 인적서비스 품질에서 나온다.

30년의 호텔리어 인생을 마무리하고, 하이엔드high-end 호스피탤러티·휴먼 서비스 전문가로서 '오랜 기간의 경험을 바탕으로 축적된 노하우와 통찰의 공유'라는 새로운 일에 도전하기로 결정했다.

힘들고 고된 길이었지만 아무에게나 주어지지 않는 시간이었고, 이 길을 걸어오면서 수많은 멘토를 통해 엄청난 배움을 얻었다. 이제는 받은 것을 나눌 시간이라고 생각한다. 최고의 호텔 브랜드에서 최고의 서비스를 기대하는 고객들과 소통하고, 최상의 서비스 제공을 위해 온 열정을 다하는 직원들과 함께 호흡하고 고민하는 가운데 쌓인 값진 결과물은 나만의 소유가 아니라는 생각이 이 책을 이끌었다. 대단하고 위대한 것은 아니어도, 비록 작고 소소한 것일지언정 누군가에게는 도움이 될 거라는 믿음으로 시작했다.

더불어 30년 동안 꿋꿋이 한길을 걸으며 축적한 호스피탤러티와 휴먼 서비스에 대한 나의 철학과 가치 인식 공유가 호스피탤러티 서비스 기업과 전문가들에게 지속가능한 미래를 여는 핵심적 질문을 던지는 계기가 되기를 바라는 마음이 원동력이 되어주었다.

디지털 시대에 디지털 커넥션이 심화되면 될수록 사람의 손길과 마음이 담긴 휴먼 커넥션에 대한 기대가 더욱 커질 거라 확신한다. 단언컨대 호텔, 관광, 의료 등의 서비스 기업은 물론이고 럭셔리 리테일, 프리미엄 자동차와 전자제품을 생산하는 기업들이 필히 갖춰야 하는 역량이 바로 '호스피탤러티 정신에 기반한 휴먼 커넥션 역량'이다. 차별화된 가치 전달을 통해 최상의 고객경험을 창출하고, 이를 기반으로 지속가능 기업이 되길 바란다면 프리미엄 휴먼 서비스 역량 강화에 집중해야 한다.

끝으로, 모두가 휴먼을 대신하거나 휴먼 같은 기계를 만들어내는 데만 전력하지 말고, 진정한 휴먼 가치의 재발견과 향상에 집중하기를 당부하고 싶다. 이 책이 그에 대한 진지한 고민과 성찰의 시간을 가져다주길 소망한다.

Key questions and reflection for a sustainable future

Thirty years of non-stop walking down the road of being a hotelier have flown by. I have been immersed in the hotel service industry for longer than I ever could have imagined when I first set foot on this path.

Along the way I have met perils and pitfalls. It has been a time of crossing high mountains covered by rugged rocks and deep dark valleys. There have been times I've felt myself in the middle of the pitch-black sea, I had to struggle to find any light to guide my way. At other times I've had to endure pain and disappointments that seemed to knock the very wind out of me, but didn't give up. Whenever I questioned whether it was all worth it, my mind would return to the early days when I first took this path, and marvel at how far I'd come. Whenever the temptation to give in seemed to overwhelm me, the thought of tomorrow enabled me to endure. It's ironic that when I look back on these struggles, I'm struck by just how priceless these experiences were, and how they've shaped who I am today.

The strongest steel is forged in the hottest fire. The challenges of the past 30 years have shaped and strengthened my resolve, like a tree whose deep roots nurture lush leaves and stems, the strength of my spirit of hospitality owes everything to these years of service. I have never once regretted taking this path; I am grateful for starting my hotel career at global leading brand hotel, ten years in the service operation sector, 20 years in human resource management and talent development education, being involved in the opening of six new hotels, and the accumulation of extensive experience in hotel service operation and customer service.

The spirit and attitude of hospitality are more relevant now than ever. It is becoming an indispensable value throughout the industry. Even expensive, high-quality, high-performance products cannot be expected to create a positive customer experience unless they are accompanied by services that meet and exceed customer expectations. Of course, the quality and performance of a product or good are important, but more and more we are seeing that from point of sale to after-sales service and even to disposal, the human element is one of the key variables driving purchasing decisions. In the service sector especially, the quality of human interactions has a great influence on customer attraction and retention, an influence which speaks more to emotion than reason. For companies trading in high-end luxury products goods and services, differentiation may be said to come more from human service quality than product quality and performance.

My work as a high-end hospitality and human services specialist allows me now to share the knowledge and insights that I have accumulated over a long period service. It gives me great satisfaction to be able to pass on all that I've learned from the many mentors I've met along the way, in the hope that my unique experience will help others to communicate with customers who expect the best service from the best hotel brands. I hope that sharing my philosophy and values for hospitality and human service, which I have accumulated over the past 30 years, will serve as an opportunity for hospitality service companies and professionals to ask key questions that will open a sustainable future.

I am sure that the greater role digital connection plays in our lives, the greater will be the expectation for human connection, for a human touch and a human heart. In short, the competency that needs to be developed and adopted in service companies such as hotels, tourism, medical care, not to mention those that produce luxury retail, premium automobiles and electronic products, is human connection competence based on the spirit of hospitality. If you seek to create the best customer experience through differentiated value delivery, if you dream of achieving a sustainable company, you need to focus on strengthening your premium human service capability.

Finally, I hope this book will serve as a reminder of what it is to be human. I would like to call for industry to focus on rediscovering and improving true human values instead of focusing only on creating human-like machines that replace us. I hope this book can play its own part in stimulating serious thoughts and reflection of this.

* 프롤로그, 에필로그 한영 번역 : 에드워드 피터 데이비슨(Edward Peter Davison)